Abdullah Baykal

Veri Madenciliği

Abdullah Baykal

Veri Madenciliği

Öğrenci verileri üzerinde uygulamaları

Türkiye Alim Kitapları

Impressum / Künye
Bibliografische Information der Deutschen Nationalbibliothek: Die Deutsche Nationalbibliothek verzeichnet diese Publikation in der Deutschen Nationalbibliografie; detaillierte bibliografische Daten sind im Internet über http://dnb.d-nb.de abrufbar.

Deutsche Nationalbibliothek tarafından yayınlanan bibliyografik bilgiler: Deutsche Nationalbibliothek, bu yayını Deutsche Nationalbibliografie'de listeler; detaylı bibliyografik bilgi İnternet'te http://dnb.d-nb.de sitesinde mevcuttur.

Coverbild / Kitap kapağı resmi: www.ingimage.com

Verlag / Yayıncı:
Türkiye Alim Kitapları
ist ein Imprint der / yayınevinin bir ticari markasıdır
OmniScriptum GmbH & Co. KG
Bahnhofstraße 28, 66111 Saarbrücken, Deutschland / Almanya
Email / E-posta: info@omniscriptum.com

Herstellung: siehe letzte Seite /
Basım yeri: son sayfaya bakın
ISBN: 978-3-639-81385-2

VERİ MADENCİLİĞİ
ÖĞRENCİ VERİLERİ ÜZERİNDE UYGULAMALARI

İçindekiler

AMAÇ

Verilerin dijital ortamda saklanmaya başlanması ile birlikte, yeryüzündeki bilgi miktarının her 20 ayda bir kendini iki katına çıkardığı günümüzde veri tabanlarının sayısı da benzer, hatta daha yüksek bir oranda artmaktadır. Yüksek kapasiteli işlem yapabilme gücünün ucuzlamasının bir sonucu olarak, veri saklama hem daha kolay olmuş, hem de verinin kendisi de ucuzlamıştır.

1995 yılında birincisi düzenlenen *Knowledge Discovery in Databases* konferansı bildiri kitabı sunuşunda, enformasyon teknolojilerinin oluşturduğu veri dağları aşağıdaki cümleler ile vurgulanmaktadır.

"Dünyadaki enformasyon miktarının her 20 ayda bir ikiye katlandığı tahmin edilmektedir. Bu ham veri seli ile ne yapmamız gerekmektedir ? İnsan gözleri bunun ancak çok küçük bir kısmını görebilecektir. Bilgisayarlar bilgelik pınarı olmayı vaat etmekte, ancak veri sellerine neden olmaktadır. "

Veri tabanı sistemlerinin artan kullanımı ve hacimlerindeki bu olağanüstü artış, organizasyonları elde toplanan bu verilerden nasıl faydalanılabileceği problemi ile karşı karşıya bırakmıştır. Geleneksel sorgu *(Query)* veya raporlama araçlarının veri yığınları karşısında yetersiz kalması, **Veri Tabanlarında Bilgi Keşfi-VTBK** *(Knowledge Discovery in Databases)* adı altında, sürekli ve yeni arayışlara neden olmaktadır.Bu VTBK süreci içerisinde, modelin kurulması ve değerlendirilmesi aşamalarından meydana gelen **Veri Madenciliği** *(Data Mining)* en önemli kesimi oluşturmaktadır. Bu önem, bir çok araştırmacı tarafından VTBK ile veri madenciliği terimlerinin eş anlamlı olarak da kullanılmasına neden olmaktadır.

Veri madenciliği ve bilgi keşfi (data mining & knowledge discovery), özellikle elektronik ticaret, bilim, tıp, iş ve eğitim alanlarındaki uygulamalarda yeni ve temel bir araştırma sahası olarak ortaya çıkmaya başlamıştır. Veri madenciliği, eldeki yapısız veriden, anlamlı ve kullanışlı bilgiyi çıkarmaya yarayacak tümevarım işlemlerini formüle analiz etmeye ve uygulamaya yönelik çalışmaların bütününü içerir

Bu tez'in amacı yukarıda açıklanan Veri Madenciliğini çeşitli yönleri ile araştırmak bu konu da dünyada yapılan çalışmaları incelemek ve Dicle Üniversitesi Fen-Edebiyat Fakültesi öğrenci verileri üzerinde veri madenciliği çalışmasını yaparak elde edilen sonuçları yorumlamaktır.

ÖZET

Veri madenciliği, kurumların ileriki kullanımlar için tahminler geliştirmelerine olanak sunan eldeki verilerinde mevcut bulunan gizli ilişkileri ortaya çıkarmayla ilgilidir. Bu tez veri madenciliği teknolojisi ve ürünlerine ilişkin giriş niteliğinde genel bir fikir sunmakta ve öğrenci verileri üzerinde yapılan veri madenciliği çalışmaları açıklanmaktadır. Veri madenciliğinin ne olduğu açıklandıktan ve bunu gerekliliği belirtildikten sonra, veri depolama ve veri madenciliği arasındaki ilişki üzerinde durulacaktır. Bu konuyu, veri tabanı soru araçları ve veri madenciliği arasındaki farkların açıklanması takip etmektedir. Bu tezde, veri madenciliği prosesinin farklı aşamalarını ve değişik veri madenciliği modellerini ayrıntılı bir şekilde açıklamaktadır. Veri madenciliği için önemli metodolojiler ve öğrenci verileri üzerinde uygulamalar güçlü ve zayıf yönlerinin karşılaştırılması ile anlatılmıştır. A Ekinde ticari veri madenciliği araçlarının bir özeti ile birlikte muhtemel bir kullanıcının farklı veri madenciliği ürünlerini değerlendirmek için kullanabileceği bir grup ürün değerlendirme etkenleri bulunmaktadır. Tezin B Ekinde günümüzde veri madenciliğinin değişik endüstrilerde görülen birkaç örneği sunulmaktadır. Yine Tezin B Ekinde veri madenciliğindeki görünmez tehlikeler anlatılmakta ve yeni kullanıcılar için bazı kurallar ileri sürülmektedir. C Ekinde bankacılık, telekomünikasyon ve kamu hizmetlerinden üç örnek çalışma sunulmaktadır. D Ekinde ise önemli web kaynaklarının bir listesi verilmiştir.

SUMMARY

Data mining is concerned with finding hidden relationships present in business data to allow businesses to make predictions for future use. This thesis provides an introductory overview of data mining technology and products. After explaining what data mining is and establishing its need, the relationship between data warehousing and data mining is explored. Explaining the differences between database query tools and data mining follows this.The thesis describes in detail the different stages of the data mining process and different data mining models. Important methodologies for data mining and application on students data are described with their relative strengths and weaknesses. A summary of commercial data mining tools is given in Appendix A along with a set of product evaluation factors that a prospective user can use to evaluate different data mining products. Appendix B of the thesis presents several real-life examples of data mining in different industries. Appendix B also discusses pitfalls of data mining and presents a set of rules for a new user. Three case studies from banking, telecom, and utilities are presented in Appendix C. A list of important web resources for data mining is also included in the thesis as Appendix D.

1.GİRİŞ

Günümüz endüstrisinde çok yakın zamanda gerçekleşen yeni düzenlemelerle, fiyatları kontrol ederek rekabeti sürdürebilme, hizmet kalitesi sağlama ve yeni pazarlar oluşturmanın artık daha fazla önem kazanması beklenmektedir. Yeni düzenlemelerden biri muhtemelen önemli bir rol oynayacak anahtar teknolojilerden olan veri madenciliğidir. Veri tabanlarında bilgi bulma diye de bilinen veri madenciliği, veri tabanlarındaki verilerden evvelce bilinmeyen ve büyük bir olasılıkla faydalı bilgilerin alınmasıyla ilgilidir. Bu teknoloji, karar destek sistemlerinin önemli bir unsuru olarak pek çok endüstri şirketi ve kuruluşlar tarafından hızla fark edilmeye başlamış bir teknolojidir.

Bu tez veri madenciliği teknolojisi ve ürünlerine ilişkin giriş niteliğinde genel bir fikir sunduktan sonra öğrenci verileri üzerinde yapılan çalışmalar anlatılacaktır. Birinci bölümde veri madenciliğinin ne olduğu açıklandıktan ve bunun gerekliliği anlatıldıktan sonra ikinci bölümde veri madenciliği ve veri depolama arasındaki ilişki anlatılacaktır. Bu bölümü veri tabanı soru araçları arasındaki farkların ve veri madenciliğinin açıklandığı üçüncü bölüm takip edecektir. Veri madenciliği prosesinin farklı aşamaları ve farklı veri madenciliği modelleri dördüncü bölümde anlatılacaktır. Dördüncü bölümde veri madenciliği için önemli metodolojiler sunulacaktır. Altıncı ve yedinci bölümde "Çıkarılan model ne kadar iyi?" ve "En iyi veri madenciliği metodolojisi hangisi?" sorunlarına yanıt aranacaktır.Sekizinci bölümde ise öğrenci verileri üzerinde yapılan çalışmalar ve bulunan sonuçlar açıklanacaktır. Bu çalışma da ticari veri madenciliği araçlarının bir özeti ile birlikte muhtemel bir kullanıcının farklı veri madenciliği ürünlerini değerlendirmek için kullanabileceği bir grup ürün değerlendirme etkeninin bir özetinin bulunduğu A Ekini de içermektedir. Tezin B Ekinde veri madenciliğinin günümüzdeki değişik endüstrilerde yer alan birkaç örneği sunulmaktadır. Yine raporun B Ekinde veri madenciliğindeki görünmez tehlikeler anlatılmakta ve yeni kullanıcılar için bazı kurallar ileri sürülmektedir. C Ekinde bankacılık, telekomünikasyon ve kamu hizmetinden üç örnek çalışma sunulmaktadır. D Ekinde ise önemli web kaynaklarının bir listesi verilmiştir.

1.1. Veri Madenciliği Nedir?

Veri madenciliğinin ne olduğunu ve karar merciinin bundan nasıl faydalanacağını öğrenmek için önce bir örnekle veri, enformasyon ve bilgi arasındaki farkı görelim. Mahallenizdeki marketinizde haftalık alışverişinizi tamamlamış kasa çıkış kuyruğunda durduğunuzu farz edelim. Aldıklarınız kasanın okuyucusundan geçerken verilerin buraya yüklendiğini düşünün. Marketiniz her hangi bir zamanda farklı müşterilerin birikmiş hesaplarına bakarken ve müşterilerinin marketteki alıveriş alışkanlıklarını belirlerken yüklenen veriler *enformasyon* haline dönüşmüş olur. Burada şunu unutmamak gerekir ki; verileri enformasyon haline dönüştüren şey her ne ise; bu şey verilerin dışında, yorumlarda bulunmaktadır. Bir kararı etkilemek için kullanılan veri değil, enformasyondur. Enformasyonun kesinliği ve doğruluğu çok yüksek ise buna *bilgi* adı verilir. Örneğimize geri dönersek; eğer mahallemizdeki market tarafından belirlenen alış veriş alışkanlıklarının diğer pek çok market için de geçerli olduğu görülürse; verilerin bilgiye dönüştüğü bir durumla karşı karşıya kalırız. Öyleyse görüyoruz ki hem enformasyon hem de bilgi veriden türemektedir.

Modern bilgisayar ve iletişim ağı teknolojisi veri toplama işini çok zahmetsiz bir hale getirmiştir. Bu nedenle veriler olağanüstü bir hızla kaydedilmekte ve saklanmaktadır. Ne var ki bu kaydolan verilerin faydalı hale gelmesi için enformasyon ve bilgiye dönüştürülmesi gerekir. Eskiden kaydedilmiş verilerden enformasyon ve bilgi çıkarma işi araştırmacılar tarafından yapılmaktaydı ancak modern şirket kuruluşlarında verilerin çok fazlalaşması bu iş için bilgisayara dayalı yöntemler geliştirilmesini gerekli kılmıştır. Bu yöntemler *veri madenciliği* yöntemleri olarak bilinmektedir ve bütün bu bilgisayara dayalı yöntemleri uygulama işlemine de *bilgi bulma* adı verilmektedir. Veri madenciliği , belli başlı bilgisayar veri analiz araçlarına bir kısıtlama getirmemektedir. Veri madenciliği işiyle uğraşan pek çok kişinin bakış açısı bu şekildedir. Ancak bazı kişiler; özellikle de yapay zekacı topluluklara mensup kişiler; veri madenciliği için biraz daha dar kapsamlı bir tanım yapmaktadır. Onların bakış açılarına göre; belli başlı veri analiz araçlarının veri madenciliği yöntemi olarak nitelenmesi için yapay zekanın bilgisayarla öğrenme, sinirsel ağlar ya da örnekleri tanıma gibi alt teknolojilerine dayandırılması gerekmektedir.

1.2. İş Kararlarının Verilmesindeki Önemi

Günümüzde veri madenciliği teknolojisi, kuruluşlara ait önemli verilerden saklı kalmış değerli bilgileri sağladığı için karar mercilerinin ellerindeki son gözdelerdir. Ancak şunu unutmamalıyız ki; esasen veri madenciliği yeni bir teknoloji değildir. Kaydedilmiş verilerden enformasyon ve bilgi bulma kavramı bilimsel ve tıbbi çalışmalarda çok yerleşmiş bir kavramdır. Yeni olan iş dünyasında veri madenciliği için eşsiz bir fırsat yaratan bir çok etkenin bir araya gelmesidir. Şirketler bir anda son yirmi yıldır toplamakta oldukları verilerin onlara mükemmel bir rekabet üstünlüğü sağlayabileceğinin farkına varmışlardır. Müşteri-servis sağlayıcısı ilişkisi, veri depolama teknolojisi ve günümüzde kullanılan mükemmel masa üstü bilgisayar gücü sayesinde; son kullanıcı için saklanan verilere her açıdan bakmak ve değerli şirket istihbaratını almak çok kolay bir hale gelmiştir. Veri madenciliği; mevcut ürünleri ve hizmetleri müşteri ihtiyacıyla birleştirmenin yanında yeni ürünleri piyasaya sürmek amacıyla piyasa araştırması gerçekleştirilmesini sağlamak için de kullanılmaktadır. Veri madenciliği bankacılık, sağlık ve sigorta endüstrilerinde de harcama ve talep örneklerini izleyerek hileli davranışları ortaya çıkarmak içinde kullanılmaktadır. Kamu kuruluşları endüstrisi bağlamında, bu endüstrinin yeniden düzenlenmesiyle veri madenciliği teknolojisi önemli bir rol üstlenmeye hazırdır . Veri madenciliği teknolojisi kuruluşlarının fiyatları kontrol ederek, hizmet kalitesi sağlayarak ve yeni pazarlar geliştirerek rekabetçiliklerini korumalarını sağlayacaktır.Veri madenciliği, mevcut müşteri veri tabanlarıyla bağlantı kurarak müşterilere daha iyi hizmet vermek için müşteri ihtiyaçlarını belirlemede, kuruluşun müşterilerine daha fazla değer vermek için pazarın gizli kalmış bölümleri hakkında ipuçlarına ulaşmada ve yeni ürünleri ve hizmetleri tanımada yardımcı olabilir.

Verilerin Tasnifi

Veriler üç sınıfa ayrılır:

1) *Planlı veriler*
2) *Yarı planlı veriler*
3) *Planlanmamış veriler.*

Kuruluş veri tabanlarının büyük bir kısmı, uygun bir şekilde düzenlenmiş numaralı ve alfabetik değerlerden oluşan planlı veriler içerir. Yarı planlı veriler tam olarak planlanmamışlardır. Bu yarı planlı veri örnekleri arasında şirket belgelerinin, tıbbi raporların, yönetim raporlarının ve tamir kitapçıklarının elektronik kopyaları bulunmaktadır. Web belgelerinin büyük bir kısmı da bu sınıfa girer. Planlanmamış bir veri örneği olarak da çeşitli bölümleri olan bir dükkanda gizli kamerayla çekilmiş görüntüleri verebiliriz. Olayların ve işlemlerin bu şekilde gerçekleştirilen görsel ve multimedya kayıtları donanım maliyetlerinin düşük olması nedeniyle günümüzde çok fazla bir popülariteye sahiptir. Bu tür verilerden bilgi almak için genellikle çok fazla işlem yapılması gerekir. Planlanmış verilere genellikle *"geleneksel veriler"* adı verilirken, yarı planlanmış ve planlanmamış verilere de *"geleneksel olmayan veriler"* adı verilir. Planlı bir yapıya sahip olmaları nedeniyle geleneksel veriler hiçbir belirsizliğe yol açmazlar. Diğer yandan; geleneksel olmayan verilerin yorumlanması güçtür ve çoğu zaman çok çeşitli yorumları bulunmaktadır. Günümüzdeki veri madenciliği yöntemlerinin ve ticari araçların bir çoğu geleneksel verilere girmektedir ancak geleneksel olmayan veriler için veri madenciliği araçlarının geliştirilme çalışmaları da büyük bir hızla ilerlemektedir.

Verilere, özellikle de geleneksel verilere bakmanın diğer bir yolu da; zamana göre kaydedilmiş sembollerin özelliklerine bakmaktır. Bir müşterinin sosyal güvenlik numarası gibi belirli özellikleri zaman geçtikçe değişmez. Yalnızca bu çeşit kayıtlar içeren veri tabanları *statik veri* içeriyor olarak değerlendirilir. Diğer yandan bir müşterinin aylık harcaması gibi zamanla değişen özellikler de vardır. Bu tür kayıtlar içeren bir veri tabanları *dinamik* ya da *geçici veri* içeriyor olarak kabul edilir. Veri madenciliği yöntemlerinin büyük bir kısmı statik veriler için daha uygundur ve bulunan dinamik verilere çoğunlukla özel bir dikkat gösterilmesi gerekmektedir.

2. VERİ MADENCİLİĞİ VE VERİ DEPOLAMA

Bu bölümde veri madenciliği ve veri depolama arasındaki ilişkiye değinilecektir. Veri madenciliği için veri depolama bir ön koşul olmasa da; uygulamada veri madenciliği işi bir veri deposu erişiminin olmasıyla çok daha kolaylaşmaktadır.

2.1. Veri Deposu

Veri Deposu, bir kuruluşun stratejik karar verme mekanizmasını desteklemek için kurulan bir veri mahzeni olarak da düşünülebilir. Bir veri deposunun yapısı ve özellikleri bir kuruluştaki diğer veri tabanlarından; yani bir kuruluşun günlük etkinliklerine yardımcı olmak için tasarlanmış kullanıma hazır veri tabanlarından çok farklıdır. Bir veri deposunun görevi entegre bir yaklaşımla kuruluşun çalışmalarının çeşitli yönlerini yansıtarak, bir kuruluşun geçmişteki verilerini saklamaktır. Bir veri deposundaki bilgiler hiçbir zaman güncellenmez yalnızca son kullanıcıların; ki bunlar çoğunlukla karar mercileridir, sorularına cevap vermek için kullanılırlar. Bu yönden, veri tabanlarıyla olan etkileşimi ya bu veri tabanlarından bazı kayıtları okumak ya da bunları güncellemek olan kullanıma hazır veri tabanlarıyla çelişmektedirler. Kullanıma hazır veri tabanlarından farklı olarak veri depoları içlerinde milyarca kaydı saklamaktadırlar yani kapasiteleri çok geniştir. Bir çok durumda; bir kuruluşun bir çok yerel ya da bölgesel veri deposu olabilir. Bu şekildeki veri depolarına (Bakınız Şekil1) kapasitelerinin küçük olması nedeniyle genellikle "*veri pazarları*" *(data marts)* adı verilir.

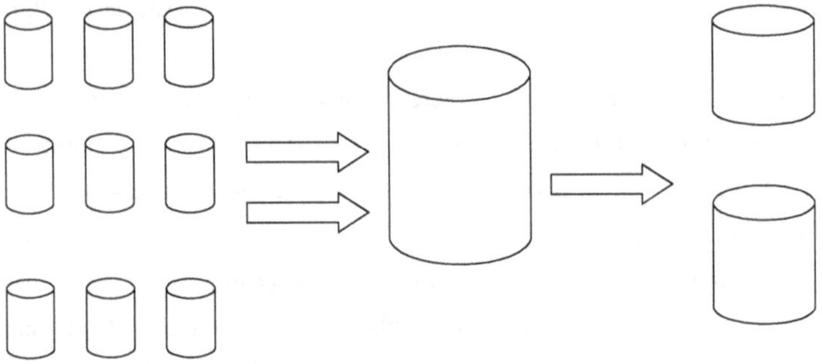

Kullanıma Hazır Veri Veri Deposu Veri Pazarları

Şekil 1: Kullanıma Hazır Veri, bir veri deposu, veri pazarları

2.2. Veri Madenciliği ve Veri Depolama arasındaki İlişki

Veri madenciliği ve veri depolama arasındaki bağ karşılıklı olarak birbirini pekiştirici bir bağdır. Veri madenciliğine karşı bu büyük ilginin nedeni; bilgilenmiş ve dikkatini toplamış bir şekilde karar verme ihtimalinin mi ,yoksa veri depolarındaki açık, düzgün formatlardaki bilgiye erişimin nedeni olduğunu söylemek çok güçtür. Her iki şartta da; veri madenciliği veri depolama için başvurulacak başlıca noktalardan biridir çünkü bir veri deposunun tek görevi kararlarında yardımcı olmak için son kullanıcılara bilgi sağlamaktır. Bir sonraki bölümde açıklanacak olan diğer soru araçlarının aksine veri madenciliği araçları son kullanıcıya saklı bilgilere ulaşma imkanı sunar. Böyle bir bilgi alınması daha zor olsa da; kuruluş için daha avantajlıdır ve bir şirket için veri depolama yatırımlarında geri dönüşü daha fazladır. Bu nedenle; bir veri deposundan bilgi almak için kullanılan pek çok araçtan yalnızca biri olsa da; veri madenciliği araçları, bir veri deposunun başarısı için çok önemlidir. Bu birleşmiş dünyada veri depolama ve veri madenciliği faaliyetlerine derinlik kazandırmak için şunu bilmeliyiz ki dünyadaki en büyük kuruluşların %90'dan fazlasının bir veri deposu bulunmaktadır. Bunun dışındaki kuruluşlar de yakın gelecekte bir veri deposunu uygulamaya sokmanın hazırlığı içindedirler. Aynı şekilde, ister donanım ister yazılım olsun pek çok bilgisayar endüstrisi satıcısı ya bir veri madenciliği ürününe sahiptir ya da bir tane geliştirme aşamasındadır.

3. VERİ MADENCİLİĞİ VE SORGU ARAÇLARI

Bütün veri tabanları kullanıcılara veri tabanında saklanan bilgiye ulaşmaları için çok çeşitli sorgu araçları sunmaktadır. İşlemlerin kolaylaşması için bu sorgu araçları kullanıcılara sorgularını yöneltmeleri için grafikli bir arabirim sunarlar. Birbiriyle bağıntılı veri tabanlarında, sorgu araçları *SQL* olarak bilinmektedir; bunun nedeni veri tabanını sorgulamak için *Planlı Soru Dilini; "SQL"* kullanıyor olmasıdır. Boyutlu veri tabanlarında sorgu araçları yaygın olarak *on-line çözümlü işlem* (OLAP) araçları olarak bilinmektedir. Veri madenciliğinin, veri tabanından enformasyon ve bilgi alımıyla ilgili olduğu görüşünden yola çıkarsak, sorulması gereken bir soru şudur: "Veri madenciliği, *planlı soru dili* (SQL) ve *on-line çözümlü işlem* (OLAP) araçlarından ne açılardan farklıdır?" Bu bölümde bu soruya yanıt bulmaya çalışacağız.

3.1. Veri Madenciliği ve SQL

SQL, birbiriyle bağıntılı veri tabanı işletim sistemlerinin standart dilidir. SQL bir yanıta ulaşmak için veri tabanındaki verilere bir sınırlandırma getiren sorular için çok yararlıdır. Bunun tersine, veri madenciliği yapıları gereği bir açıklama niteliğinde olan sorular için uygundur. Örneğin; aylık faturaları belirli bir miktardan fazla olan bütün bir listesine ulaşmak istiyorsak bu SQL kullanarak veri tabanımızdan bu enformasyona ulaşabiliriz. Ne var ki; eğer aylık fatura ödemelerini her zaman zamanında yapan müşterilerle ödemelerinde gecikenler arasındaki farkları öğrenmek istiyorsak SQL bunun için uygun bir araç değildir. Bu, bu sorunun SQL ile kesinlikle cevaplanamayacağı demek değildir. Bir çok denemeden ve hatadan sonra belki de sorunun cevabına ulaşabilirsiniz. Diğer yandan veri madenciliği ikinci tür sorulara yanıt bulmada çok başarılıdır. Öyleyse şunu söyleyebiliriz ki; SQL veri tabanından açıkça belirtilmiş bir bilgiyi örneğin; yüzeysel bir bilgiyi bulmada; veri madenciliği ise veri tabanından bu kadar açık olmayan örneğin saklı bir bilgiyi bulmada yararlıdır. Diğer bir deyişle; SQL ne aradığımızı tam olarak bildiğimizde kullanışlıdır, ancak ne aradığımızı yalnızca kabaca bildiğimizde veri madenciliğine ihtiyacımız vardır. Öyleyse; SQL ve veri madenciliği birbirini tamamlamaktadır ve veri tabanından bilgi almak için her ikisine de ihtiyaç vardır.

3.2. Veri Madenciliği ve OLAP

OLAP(on-line analytical processing) araçları kullanıcılara verinin çeşitli görüntülerini sunarak kullanıcının veri deposunda saklanan verilerle oynamasını sağladığı için son yıllarda çok popüler bir hale gelmiştir. Bu görüntülerde farklı boyutlar; farklı şirket özelliklerine, örneğin satışlara, coğrafi konumlarına, ürün çeşitlerine...vb. karşılık gelmektedir. OLAP araçları, boyutlu verilere her hangi bir açıdan bakmayı ya da onu "bölüp, parçalara ayırmayı" çok kolay bir hale getirmektedir. Örneğin; "Artan reklam giderleri belirli bir bölgedeki satışları nasıl etkiler?" sorusunu OLAP araçlarıyla yanıtlamak çok kolaydır. Bu sorulara yanıt bulmak için, OLAP araçları verileri çok boyutlu bir çok büyük kutu içinde belirli bir formatta saklar. OLAP araçları da veri madenciliği araçları gibi verilerden gelen bilgilerle yanıtlar sunsa da, iki araç seti arasındaki benzerlik buraya kadardır. OLAP'taki verilerden sağlanan yanıtların kökeni aynı konuyu yazan karşılıklı iki sayfadaki yorumlara benzemektedir; OLAP araçları verilerden bir şey öğrenmezler, yeni bir bilgi de oluşturmazlar. OLAP araçları yalnızca son kullanıcıya verilerdeki örnekleri öğrenmesinde yardımcı olan özel amaçlı görüntüleme cihazlarıdır. Bunun aksine, veri madenciliği araçları yanıtlarını veri tabanı kayıtlarının farklı özellikleri arasındaki ilişkiyi öğrenerek bulurlar. Çoğu zaman bu ortaya çıkarılan ilişkiler kurumlara yeni öngörüler sunarak yeni bilgilerin oluşmasını sağlarlar. Öyleyse; OLAP araçları farklı veri boyutları arasındaki ilişkiyi görüntüleme kapasitelerinden dolayı veri madenciliği için çok kullanışlıdır, ne var ki bunlar veri madenciliğinin yerini tutamazlar.

4. VERİ MADENCİLİĞİ İŞLEMLERİ

Veri madenciliği işlemciliği bir çok aşamadan oluşmaktadır ve bu işlem tabiatı gereği bütünüyle interaktif ve tekrarlayıcıdır. Veri madenciliği prosesinin başlıca aşamaları Şekil 2'de gösterilmiştir. Bunlar;

1) İlgi alanını anlama
2) Veri seçimi
3) Ayıklama ve proses öncesi işlemler
4) Örnekler bulma
5) Yorumlama
6) Rapor tutma ve bulunan bilgileri kullanma.

Şekil 2'deki çift yönlü oklar veri madenciliği aşamalarının hepsi ya da bir kısmı tekrarlayıcı bir tutumla birden fazla kere ortaya konduğunu göstermektedir.

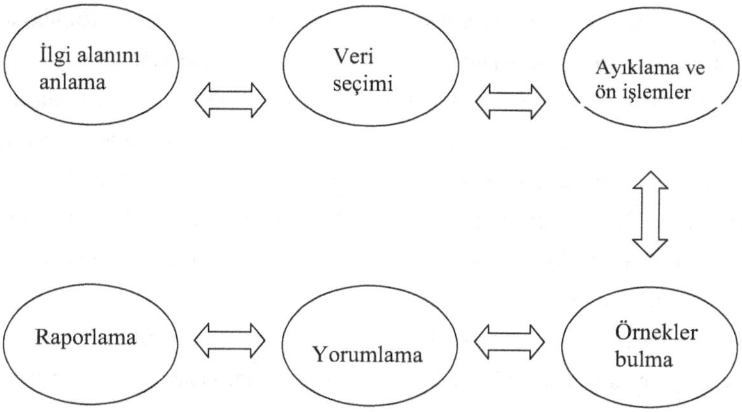

Şekil 2: Veri Madenciliği işleminin farklı aşamaları

4.1. İlgi Alanını Anlama

İlgi alanını anlama aşaması veri madenciliği uygulamalarının çalışma hedeflerini öğrenmenin yanında konuyla ilgili önceki bilgileri toplamayı da gerektirir. Veri madenciliği tekniklerinin gerekli ilgi alanı bilgisine sahip olmadan, anlamadan kullanılması çoğunlukla alakasız ya da anlamsız örneklerin bulunmasıyla sonuçlanır. Yüklenilen veri madenciliği görevinin tam olarak anlaşılmasının arttırılması için; bu aşama en iyi şekilde bir firma ve enformasyon teknolojileri temsilci ekibi tarafından yerine getirilmektedir.

4.2. Veri Seçimi

Veri seçimi aşaması kullanıcının bir veri tabanını hedeflemesini ya da bir alanın veya veri kayıtlarının alt başlıklarını seçmesini gerektirmektedir. Bu aşamada yeterli ilgi alanı bilgisine sahip olmak yararlı verilerin seçilmesine yardımcı olur. Bazen bir şirketin bünyesinde bütün gerekli veriler bulunmayabilir. Bu durumlarda veriler bir dış kaynaktan alınır. Çoğunlukla dış kaynaklardan alınan veri örnekleri arasında demografik veriler ve yaşam tarzı verileri bulunmaktadır. Veri madenciliğinin bazı uygulamaları da verilerin anketlerle sağlanmasını gerektirebilir.

4.3. Ayıklama ve Proses Öncesi İşlemler

Bütün veri madenciliği işleminin en çok zaman alan aşaması bu aşamadır. Veriler hiçbir zaman ayıklanmış ve de veri madenciliği için uygun formda değildir. Kuruluşların veri tabanlarındaki tipik veri karışıklığı örnekleri arasında şunlar bulunmaktadır:

• Tekrarlama: Bu tür bir veri karışıklığı, bir kayıt örneğin bir veri tabanında bir çok kez görüldüğünde ortaya çıkar. Bu kredi kartı firmaları gibi müşterilerle şahsen ilgilenen firmaların veri tabanlarında görülen veri karışıklığı sorunlarından en yaygın olanıdır. Bu tür karışıklıklar genellikle harfleri bilgileri yazarken/girerken yapılan hatalar yüzünden ortaya çıkan yazım hataları nedeniyle görülür. Bazen müşteriler önceki kayıtlarıyla bağlantılı olmaması için özellikle yazım hatası yaparlar.

• Eksik Veri Alanları: Çok çeşitli nedenlerden ötürü bir veri tabanında eksik alanlar olabilir. Örneğin müşteri istenen bilgileri doldurmaktan sıkılmış olabilir ya da bir alana yanlış veri girişi yapılmasıyla o alanda veri giriş hatası oluşması nedeniyle de bir alan eksik kalabilir. Eksik yerleri doldurmanın genellikle bir önemi yoktur. Çoğunlukla eksik bir alanı bulunan kayıtlar daha sonraki işlemlerde görmezden gelinir.

• Taşma: Taşma, aynı alandaki başka verilerden çok farklı olan bir alandaki veri değeridir. Buna örnek olarak bir kamu kuruluşundaki müşteriler için aylık enerji tüketimi alanını düşünün. Eğer bu alan tipik olarak 0-1000KW aralığındaysa ve bizim bazı müşteriler için 10,000KW'lık bir girişimiz varsa; bu durumda bu giriş taşma olarak nitelendirilir. Bir veri tabanında taşmaların bulunmasının sebebi taşma alanlarının yanlış kayıtlarıdır. Bir çok durumda; ilgili tutarlılık sınırlarını dikkate alarak taşmaları belirlemek çok kolaydır. Bazen bazı istisnai durumlar nedeniyle de taşma oluşması mümkündür; örneğin bir kredi kartı veri tabanındaki aylık harcama alanını incelerken kredi kartının çalınmış olması durumu gibi. Bu taşmaların belirlenmesi dikkate değer bir çaba gerektirir ve çoğunlukla da bu şekildeki bir belirleme aşamasına veri buluş aşaması adı verilir.

• Proses Öncesi İşlemler: Veri madenciliğinin üçüncü aşaması olan proses öncesi işlemler farklı kaynaklardan gelen verileri bir araya toplamayı ve veri buluş aşamasında girdi olarak görülen belirli veri alanlarını gösterme ya da kodlama konusunda seçim yapmayı içerir. Bu tür gösterme seçimlerinin gerekli görülmesinin nedeni bazı alanlarda veri buluş aşamasına uygun olmayacak şekilde ayrıntı içeren verilerin olmasıdır. Örneğin; her bir müşterinin gerçek doğum tarihinin veri buluş aşamasında gösterilmesi verimliliğe ters etki yapabilir. Bunun yerine müşterileri farklı yaş gruplarına ayırıp, gruplandırmak daha iyi olabilir. Yine aynı şekilde, her bir müşterinin adresine bakarak, veri buluş aşamasına aşırı yüklenilmiş olabilir ve o da daha işe yarar modeller üretemeyebilir. Diğer yandan, müşterileri coğrafi konumlara göre gruplandırmak da daha iyi sonuçlar verebilir. Proses öncesi işlemler aşamasının çok önemli bir aşama olduğunu unutmamak gerekir. Bu aşamada yapılan gösterme seçimlerinin, veri buluşunun bir sonraki aşamasında anlatılacak olan örnek çeşitleri üzerinde büyük bir etkisi vardır.

4.4. Örnek Bulma

Veri örneği buluş aşaması bütün veri madenciliği prosesinin kalbidir diyebiliriz. Bu verilerdeki gizli örneklerin ve eğilimlerin açığa çıktığı aşamadır. Akademik ya da araştırma literatüründe; veri madenciliği olarak nitelendirilen yalnızca bu aşamadır; Şekil 2'de gösterilen bütün o prosese ise Veri Tabanlarında Bilgi Bulma (KDD, *Knowledge Discovery in Databases*) adı verilmektedir. Ne var ki; veri madenciliği teriminin Şekil 2'de gösterilen bütün proses için kullanıldığı endüstride böyle bir ayırım yapılmamaktadır. Veri buluş aşamasıyla ilgili pek çok yaklaşım vardır. Bunlar birleştirme, sınıflandırma, kümeleme, sıra analizi ve görüntüleme bulunmaktadır. Bu yaklaşımlardan her biri istatistik veri analizi, bilgisayarla öğrenme, sinirsel çalışmalar ve model onaylama gibi birbiriyle rekabet eden çok çeşitli metodolojilerden biri kullanılarak uygulamaya geçirilebilir. Veri madenciliğinin çoğu zaman disiplinler arası bir alan olarak görülmesinin nedeni de çok çeşitli metodolojilerin kullanılıyor olmasıdır. (Bakınız Şekil 3) Burada size veri buluşuyla ilgili farklı yaklaşımlar sunulmaktadır. Farklı metodolojiler hakkındaki ayrıntılara bir sonraki bölümde girilecektir.

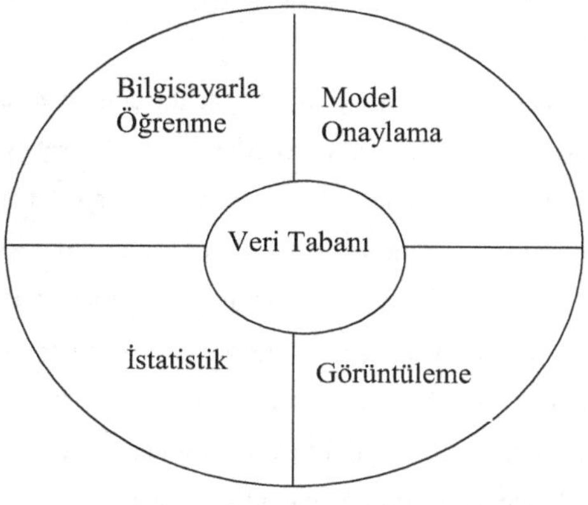

Şekil-3: Veri Madenciliği İçin Çekirdek Teknolojiler

• Birleştirme: Veri Madenciliğiyle ilgili bu yaklaşım bir veri tabanı kayıtlarındaki farklı unsurlar arasında bir birleştirici ilişki kurmaya çalışır. Birleştirici yaklaşım iş yaşamında Pazarlama Müdürleri ve perakendeciler arasında çok popülerdir. Pazarlama Müdürlerinin ve perakendecilerin buldukları "X ürününü alan müşterilerin %90'ı Y ürününü de almaktadır" gibi birleştirici örnekler piyasa hedeflerinde ve dükkanlardaki ürün yerleşiminde çok yardımcı olmaktadır. Veri buluşunda birleştirme yaklaşımı, bir kişi aranan farklı birleşmeler hakkında bir fikre sahipse çok başarılı olmaktadır. Bunun nedeni kişinin geniş bir veri tabanında her türlü korelasyonu kurabilecek olmasıdır. İstatistikler, bilgisayarla öğrenme ve sinirsel çalışmalar veri madenciliğindeki birleştirme yaklaşımı için popüler metodolojilerdir.

• Sınıflama: Veri madenciliğindeki sınıflama yaklaşımı belki de en yaygın olarak kullanılan yaklaşımdır. Bu yaklaşım; kayıtları, daha önceden belirlenmiş iki ya da daha fazla sınıfa ayırmaktan ibarettir. Örneğin; müşterilerine yeni bir tele-market hizmeti sunmaya hazırlanan bir kuruluşu düşünün. Bu planlı tele market girişiminden en fazla karşılığı almak için,kuruluşun müşterilerini iki sınıfa ayırmak isteyebilir; karşılık vermek isteyebilecek müşteriler, karşılık vermesi muhtemel olmayan müşteriler. Böyle bir sınıflandırmaya gidildikten sonra; artık tele marketçiler yalnızca birinci kategoriye giren müşterilerine odaklanabilirler. Sınıflandırma yaklaşımının uygulanması daha önceden tasnif edilmiş mevcut grup içinde bir çıkarım yapılması gibi bir sınıflandırma kuralının uygulanmasını gerektirir. Bu tür kayıt gruplarına genellikle *alıştırma grubu (training set)* adı verilir ve sınıflandırma kuralını çıkarma işlemine de *öğrenme (learning)* adı verilir. Karar ağacı sınıflandırıcıları ve sinirsel çalışma sınıflandırıcıları, tasnif etme yaklaşımını veri buluşuna uygulamadaki en popüler iki metodolojidir.

• Kümeleme: Kümeleme verileri gruplama ya da bölümlere ayırmayı kapsar. Veri buluşuyla ilgili bu yaklaşım daha önceden tasnif edilmiş bir alıştırma grubunun bulunmadığı durumlarda kullanılmaktadır. Kümelemenin başlıca uygulama alanları piyasa segmentasyonu ve müşterilerin yanıt verilerinin çıkarılmasıdır. Kümeleme *araştırma veri analizi (EDA)* olarak da bilinmektedir. Kümeleme için kullanılan diğer terimler de *kendi kendine öğrenme* ve *kendiliğinden örgütlenme*dir. Kümelemeyi grup sayısını bilerek gerçekleştirme, daha önceden grup sayılarının bilinmediği ve bizzat kümeleme işlemi ile belirlenecek olduğu durumlara kıyasla çok daha kolaydır. Şekil 4'te verilen örnek bir kişinin kümeleme esnasında karşılaştığı sorunları göstermektedir. Bu örnekte görüldüğü gibi; bu veride bulunan kümelerin sayısının ne olduğu sorusuna tek bir yanıt veremeyiz. Aynı şekilde tek bir küme şekli de yoktur. Bazı kümeler ince uzunken, diğerleri yuvarlaktır. Kümeleme için anlamlı bir kriter oluşturmaya çalışırken bu genellikle zorluk çıkarmaktadır. Bu zorluklara rağmen, kümeleme yine de çok popüler bir veri analiz yöntemidir. İstatistik model doğrulaması, sinirsel çalışmalar ve uçuşan mantık çok çeşitli kümeleme algoritimleri sunmaktadır.

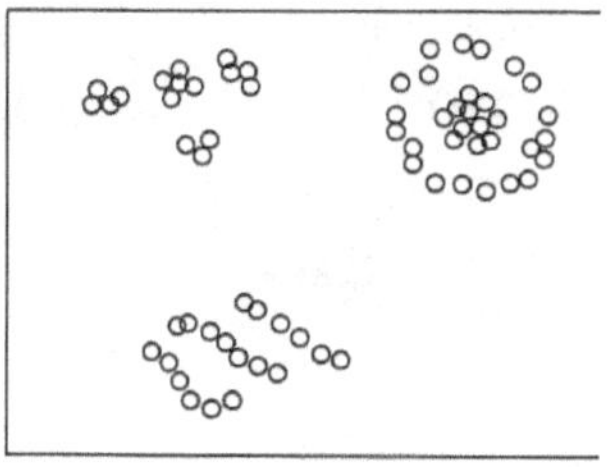

Şekil 4: Kümelerin iki boyutlu örnekleri

- Sıra Analizi: Bu yaklaşım sıralı veriler halinde örnekler bulmak için kullanılmaktadır. Örneğin; bu yaklaşım kredi kartı kullanıcılarının gelecekteki satın alımlarını tahmin edebilmek için alış veriş alışkanlıklarını belirlemek amacıyla kullanılabilir. Bu tür tahmin edilebilir bir enformasyon çalınan kredi kartlarını belirleme de kullanılabilir. Sıra analizi aynı zamanda zamanla gerçekleşen birleşme oluşturmak için de kullanılmaktadır. Örneğin, X ürününü alan müşterilerin %80'inin önümüzdeki altı ay içinde Y ürününü de alması beklenmektedir." gibi örnekler oluşturmak için kullanılabilir. Bu pazarlamacıların müşterilerin alma olasılığı daha fazla olan ürünlere yönelmesini sağlamaktadır. Sıra analizindeki popüler metodolojilerin kökleri istatistik ve sinir ağlarına dayanmaktadır.

- Görüntüleme: Veri madenciliğiyle ilgili görüntüleme yaklaşımı insanların yapıları görsel olarak algılamada çok iyi oldukları görüşüne dayanmaktadır. Bu nedenle bu yaklaşımda, kullanıcıya verileri çeşitli şekillerde göstermesi için bir görüntüleme aracı seti verilir. Verilerdeki modellerin bulunuşu asıl kullanıcı tarafından görüntülenmiş verilere bakarken gerçekleştirilir. Veri madenciliğiyle ilgili görüntüleme yaklaşımının en uç noktasında derin asıl gerçek *"immersive vırtual reality"* (VR) ortamı yaratmak ve böylelikle de bir kullanıcının bu ortama girerek gizli ilişkileri keşfetmesini sağlamak bulunmaktadır.

4.5. Yorumlama

Veri madenciliği prosesinin yorumlama aşaması kullanıcı tarafından daha önceki aşamalara geri dönülmesi gerekip gerekmediğini belirlemek için bulduklarının niteliğini ve değerini değerlendirmek amacıyla kullanılır. Bu aşamada bulunan örneklere bir değer yüklemek için konunun iyi anlaşılması çok önemlidir .

4.6. Rapor Tutmak

Veri madenciliği prosesinin son aşaması yeni çalışmalarda, ürünlerde veya hizmetlerde ya da pazarlama stratejilerinde kullanmak için bulunan bilgilerin raporunu tutmayı ve bu bilgileri birleştirmeyi içerir. Bu aşama olmadan veri madenciliğinden tam olarak faydalanmış sayılmazsınız. Rapor tutma bir çok şekilde yapılabilir. Bunlar arasında bulunan bilgilerin detaylı grafiksel sunumu ve bulunan bilgilerin ya da modellerin uygun iş uygulamalarına aktarılması yer almaktadır.

5.VERİ MADENCİLİĞİ METODOLOJİLERİ

Tezin bu bölümünde farklı veri madenciliği metodolojilerinin temel kavramları üzerinde durulacak ve farklı metodolojilerden seçilmiş birkaç teknik sunulacaktır. İstatistik veri analiz yöntemlerinden doğrusal regrasyon, biçimsel veri analizi, doğrusal diskriminant analizi ve kümeleme tekniklerini anlatılacak. Örnekleri tanıma konusunda esasen en yakın komşu sınıflandırmaya odaklanacağız. Temel nöron modelini anlattıktan sonra, kısaca veri madenciliğinin nöral ağ metodolojilerinden tek-katlı-perceptron ağı, çok katlı ileri bilgi akışı ağı ve kendi kendine örgütlenme sunuş planı yöntemleri anlatılacak. Bilgisayarla öğrenme teknikleri konusunda ise; ayrıntılı olarak karar ağacı yöntemlerini ve genetik algoritmleri anlatılacak.

Veri madenciliğinde, örneğin bir veri tabanı kayıtlarındaki alanlarda sık sık çok çeşitli değişkenlere ve niteliklere rastlanmaktadır. Bu çok çeşitli değişkenlerle başa çıkmada bütün veri madenciliği yöntemleri eşit şekilde başarılı değildir. Bu nedenle belirli bir veri madenciliği uygulamasında en uygun metodolojiyi belirlemelerinde yardımcı olmak için ilk önce farklı değişkenleri ve niteliklerini anlatılacak.

5.1. Değişken Çeşitleri

Değişkenleri tanımlamanın bir çok yolu vardır. Bir değişkeni incelemenin yollarından biri değişkenin *bağımsız* bir değişken mi yoksa *bağımlı;* yani değeri diğer değişkenlerin değerlerine bağımlı olan bir değişken mi olduğuna bakmaktır. Değişkenlere bakmanın diğer bir yolu ise değişkenin *ayrık* bir değişken mi yoksa *devamlı* bir değişken mi olduğuna bakmaktır. Ayrık değişkenlere aynı zamanda *kalitatif* değişkenler de denmektedir. Bu değişkenler iki tür ölçü kullanılarak ölçülür ya da tanımlanır. Bunlar *nominal* ve *ordinal* ölçülerdir. Nominal bir ölçü, ölçümü yapılan değişkenin farklı hallerini göstermek için değişik sembolleri, harfleri ya da sayıları kullanan belirli bir sırası olmayan bir ölçüdür. Nominal ölçü için müşteri tipi belirleyicilerini verebiliriz. Bu müşteri tipi belirleyicileri sırasıyla 1, 2, 3 basamaklarını kullanarak üç tip kuruluş müşterisini; parakente , ticari ve endüstriyel müşteri tiplerini simgeleyebilirler. Nominal özelliğe verebileceğimiz bir diğer örnek de müşterinin kayıtlarındaki posta kodu alanıdır. Bu iki örneğin her birinde de farklı nitelik değerlerini gösteren sayıların belirli bir sırası yoktur ya da aralarında zorunlu bir ilişki bulunmamaktadır. Ordinal ölçüler birbirinden ayrı sıralı derecelerden oluşmaktadır; örneğin sıralandırmalar. Ordinal ölçülere örnek olarak müşterilerin en sevdikleri pizzaya ilişkin tercih sıralamalarını verebiliriz. Ordinal ölçünün illaki doğrusal olması gerekmez örneğin 3. ve 4. sıraların derecelerinin illaki 6. ve 7. sıraların dereceleriyle aynı olması gerekmez. Ordinal bir ölçüyle saptanacak tek şey "daha fazla" ya da "daha az" ilişkileridir. Aralıksız değişkenlere aynı zamanda *kantitatif* ya da *metrik* değişkenler de denmektedir. Bu değişkenler ya *süre* ya da *oran* ölçüsü kullanılarak ölçülmektedir. Bu ölçülerin her ikisi de bunların altında yatan değişkenin sonsuz bir hassasiyetle belirlenmesini ve ölçülmesini sağlamaktadır. Süre ve oran ölçüleri arasındaki farklar sıfır noktasının ölçüde nasıl belirtildiğinde yatmaktadır. Süre ölçüsünde sıfır noktası isteğe bağlı bir şekilde yerleştirilir ve bu nedenle de ölçülen şey her ne ise onun bütünüyle yok olduğunu göstermez. Süre ölçüsüne verebileceğimiz en iyi örnek sıcaklık ölçüsüdür, burada sıfır derece Fahrenheit hiç sıcaklık olmadığını göstermez. Sıfır noktasının isteğe göre yerleştirilmesinden dolayı, mesafe ölçüleriyle ölçülen değişkenler için oran ilişkisi geçerli değildir. Örneğin, 80 derece Fahrenheitın, 40 derece Fahrenheitın iki katı sıcaklık olduğu anlamına gelmez. Bunun aksine, oran ölçüsünde kesin bir sıfır noktası vardır ve sonuç olarak da bu ölçüyle ölçülmüş değişkenler için oran ilişkisi geçerli olmaktadır. Bu ölçü boy, uzunluk, enerji tüketimi ve maaş gibi nicelikleri ölçmek için kullandığımız ölçüdür.

5.2. İstatistiksel Veri Analizi

İstatistiksel veri analizi veri madenciliğinde en iyi oturmuş metodolojidir. İstatistik bilimi bir değişkenin ortalaması, medyanı ve modu gibi bir boyutlu analizler ile analizlerde aynı anda bir çok değişkeni kullanan çok değişkenli veri analizleri arasında uzanan bir çok veri analiz yöntemi sunmaktadır. Bu veri analiz yöntemleri iki grupta toplanabilir. İlk kategorideki yöntemler *bağımlılık* yöntemleri olarak bilinmektedir. Bu yöntemler bir ya da iki bağımlı değişken belirlemek için bir ya da iki bağımsız değişken kullanırlar. Bu yöntem kategorisine giren örnekler arasında çoğul regresyon ve diskriminant analizleri bulunmaktadır. İstatistik veri analiz yöntemlerinin ikinci kategorisi *birbirine bağımlı* yöntemler olarak bilinmektedir. İlgili bütün değişkenler bağımsız değişken olduğunda bu yöntemler kullanılmaktadır. Birbirine bağımlı yöntemlere verilecek örnekler arasında değişik kümeleme yöntemleri ve çok boyutlu derecelendirme bulunmaktadır.

5.2.1. Bağımlılık Yöntemleri

5.2.1.1. Çoğul Doğrusal Regresyon

Çoğul regresyon yöntemi; tek bağımlı değişkenin (sonuç değişkeni de denmektedir) bir ya da daha fazla bağımsız değişkenle (*prediktör* olarak da bilinmektedir) ilgili olduğu düşünüldüğünde kullanılmaktadır. Regresyon analizinin amacı bağımlı değişkenle çeşitli bağımsız değişkenler arasında ilişki kurabilecek en iyi modeli belirlemektir. Doğrusal regresyon aşağıdaki şekilde bir genel doğrusal istatistiksel modelinin kullanıldığına işaret etmektedir:

$$y = a_0 + a_1x_1 + a_2x_2 + ... + a_kx_k + \varepsilon$$

Burada y bağımlı değişken $x_1, x_2, ..., x_k$ ise bağımsız değişkenlerdir. $a_0, a_1 ..., a_k$ niceliklerine bilinmeyen parametreler adı verilmektedir ve ε de rasgele bir hatayı simgelemektedir. Bilinmeyen parametreler, karesi alınan hataların (sum of squared error,SSE) toplamını azaltarak belirlenir. Bu şu şekilde tanımlanır:

$$SSE = \sum_{i=1}^{n} (y_i - \hat{y}_i)^2$$

Burada y_i ve $\hat{y}_i$ sırasıyla veri tabanındaki n kayıt'dan, i'inci kaydının bağımlı değişkeninin gözlemlenen ve tahmin edilen değerleridir. Yalnızca tek bir bağımsız değişken bulunuyorsa, örneği bulma işlemi en düşük kareler anlamında en doğruyu bulmaya eştir. *Basit regresyon* terimi çoğunlukla bu durumlarda kullanılır.

Şunu da belirtmeliyiz ki; genel doğrusal örnekteki *doğrusal* terimi, bilinmeyen parametrelerin doğrusal fonksiyonu olarak bağımlı değişkenle ilgilidir. Bu nedenle; genel doğrusal bir model bağımsız değişkenlerin bazı daha yüksek dizi terimlerini örneğin; x^2_1 , x_1x_2, ya da x^3_2 gibi terimleri de içerebilir. Çoğul regresyon tekniğini kullanırken kullanıcı tarafından harcanacak çabanın büyük bir kısmı ilgili bağımsız değişkenleri saptamada ve regresyon örneği terimlerini seçmede yatmaktadır. Bu işle ilgili iki yaklaşım çok yaygın olarak bilinmektedir.

1) Ardışık arama yaklaşımı
2) Birleştirici yaklaşım.

Ardışık arama yaklaşımı öncelikle bir grup değişkenli bir regresyon örneğinin kurulmasından ve daha sonra da tam bir ölçüt belirleninceye kadar seçmeli olarak değişken ekleme ya da çıkarma işleminden oluşmaktadır. Birleştirici yaklaşım kaba kuvvetli bir yaklaşımdır; en iyi regresyon örneğini saptayıncaya kadar bağımsız değişkenlerin bütün olası kombinasyonlarını dener. Ardışık yaklaşımın mı yoksa birleştirici yaklaşımın mı kullanıldığına bakmaksızın; örneğe en fazla yarar uygulama alanının doğru dürüst anlaşılmasıyla sağlanmaktadır.

5.2.1.2. Biçimsel Regresyon

Bir çok uygulamada, bağımlı değişken ayrık bir değişkendir örneğin bir müşterinin güven derecesidir. Bu iyi ya da kötü olabilir. Bu gibi durumlarda tahmin için ya biçimsel ya da ayırt edici analiz kullanılmaktadır. Bağımlı değişkenin durumunu tahmin etmek yerine biçimsel yöntem belirli bir durumda bağımlı değişkenin olasılık *p*'sini tahmin etmeye çalışır. Öyleyse; biçimsel regresyon yaklaşımı bir müşterinin güven derecesinin iyi mi yoksa kötü mü olduğunu tahmin etmek yerine; iyi güven derecesinin olasılığını hesaplamaya çalışır. Bağımlı değişkenin asıl durumu hesaplanan olasılığa bakılarak belirlenir. Eğer hesaplanan olasılık 0.50'den fazla ise, o takdirde tahminler evet (iyi güven derecesi) şekline olacaktır, aksi takdirde ise hayır (kötü güven derecesi) şeklinde olacaktır. Biçimsel gerilemede *p* olasılığına *başarı olasılığı* adı verilmektedir ve şu şekilde hesaplanmaktadır:

$$\text{Log}(p\,/\,(1-p)) = a_0 + a_1x_1 + a_2x_2 + \ldots\ldots + a_kx_k$$

Burada a_0, a_1 ...,a_k bilinmeyen parametrelerdir. Bu örnek doğrusal biçimsel model olarak bilinmektedir ve Log(p / (1- p))'ye de olasılığın biçimsel(logistic) ya da logit transformasyonu adı verilmektedir. Bilinmeyen parametrelerin en küçük kareler yöntemi kullanılarak hesaplandığı çoğul doğrusal regresyonun tersine, biçimsel regresyon yönteminde bilinmeyen parametreler, olasılığı maksimuma çıkarma yöntemi kullanılarak hesaplanır. Güven sınıflandırma örneğiyle ilgili olarak bu iyi güven olasılığını maksimuma çıkarmak anlamına gelmektedir.

5.2.1.3. Doğrusal DiskriminantAnalizi

Doğrusal Diskriminant Analizi sınıflandırma sorunları olarak nitelendirilen sorunlarla ilgilidir. Bu tür sorunlarda; bağımlı değişken kategorik (nominal ya da ordinal) ve bağımsız değişkenler de metriktir. Diskriminant analizinin amacı, farklı sınıflardan verilerle hesaplandığında farklı sonuçlar veren bir diskriminant fonksiyonu çizmektir. Bir doğrusal diskriminant analizi şu şekildedir:

$$z = w_1x_1 + w_2x_2 + \ldots w_kx_k$$

Burada $x_1, x_2 \ldots x_k$ bağımsız değişkenlerdir. z niceliğine *diskriminant skoru* adı verilmektedir ve w_1 ,w_2 ... w_k'ye de *ağırlık* adı verilmektedir. Şekil 5'te diskriminant skorunun geometrik yorumuna yer verilmiştir. Bu figürde de görüldüğü gibi, bir veri kaydında diskriminant skoru, projeksiyonunu bir grup ağırlık değeriyle tanımlanan bir doğruda göstermektedir.

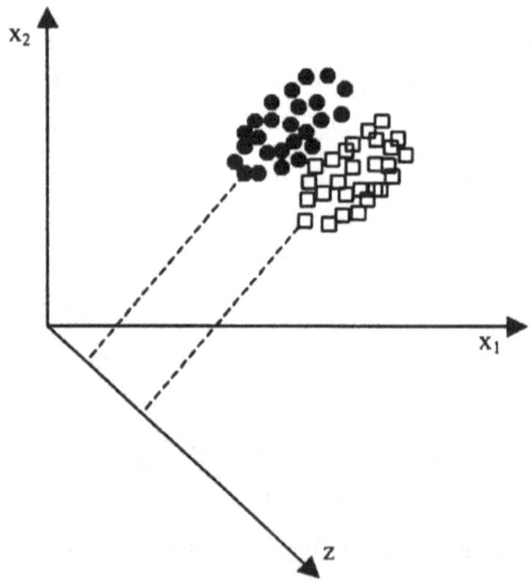

Şekil 5: Diskriminant skorunun geometrik yorumu

Diskriminant fonksiyonunun çizimi; veri tabanından sınıflandırma öncesi (öğretici örnekler) kayıtlar için diskriminant skorunun gruplar arası ve grup içi değişkenliğinin oranını maksimuma çıkaran bir grup ağırlık değerinin bulunmasını içermektedir. Bir kez çizildikten sonra diskriminant fonksiyonu artık belirli bir veri kaydı sınıfını tahmin etmek için kullanılabilir; örneğin bağımlı değişkenin bağımsız değişkene oranı. Sınıflandırma şu sınıflandırma kuralına göre yapılmaktadır. Eğer diskriminant skoru z_1 kesme skorundan fazla ise ya da ona eşit ise *i.* veri kaydını A sınıfı (yani iyi güven derecesi) olarak belirleyin, aksi takdirde onu B sınıfı (yani kötü güven derecesi) olarak belirleyin. Böylece kesme skoru her bir kaydın diskriminant skorunun değerlendirmesinde iyi bir ölçüt olarak kabul edilmektedir. Kesme skorunun seçimi temel dağılımlarının yanı sıra her iki kayıt sınıfının da eşit oranda bulunup bulunmadığına da bağlıdır. Bunların temel dağılımlarının normal olduğunun kabul edilmesi oldukça yaygındır. z_A ve z_B nin A ve B sınıfındaki sınıflandırma öncesi veri kayıtlarının ortalama diskriminant skorları olduğunu düşünürsek, iki grup kaydı da eşit boyutlarda ve her yönde tek tip değişiklikle normal şekilde dağıtılmış ise kesme skoru z_{cut} için optimal seçim şu şekildedir:

$$z_{cut} = \frac{\bar{\bar{z}}_A + \bar{\bar{z}}_B}{2}$$

İki grup boyut olarak birbirine eş değil ise; aşağıdaki gibi hesaplanmış ortalama diskriminant skorlarının ağırlıklı ortalaması en ideal kesme skoru olarak kullanılır:

$$Z_{cut} = \frac{n_A\bar{\bar{z}}_A + n_B\bar{\bar{z}}_B}{n_A + n_B}$$

n_A ve n_B nicelikleri sırasıyla her bir gruptaki kayıt sayısını simgelemektedir

.

İki yönlü sınıflandırma için bir tek diskriminant fonksiyonu çizilirken; ikiden daha fazla sınıfla uğraşılırken çoklu diskriminant fonksiyonları gerekmektedir. *Çoğul diskriminant analizi* terimi bu gibi durumlarda kullanılmaktadır: *M*-yollu sınıflandırma sorunu yani *M* olası sonuçlu bağımlı bir değişken için M diskriminant fonksiyonları çizilmektedir. Bu gibi durumlarda sınıflandırma kuralı şu şekli almaktadır: "Diskriminant skoru en yüksek olan sınıf lehine karar ver" Bu şekil 6'da gösterilmiştir:

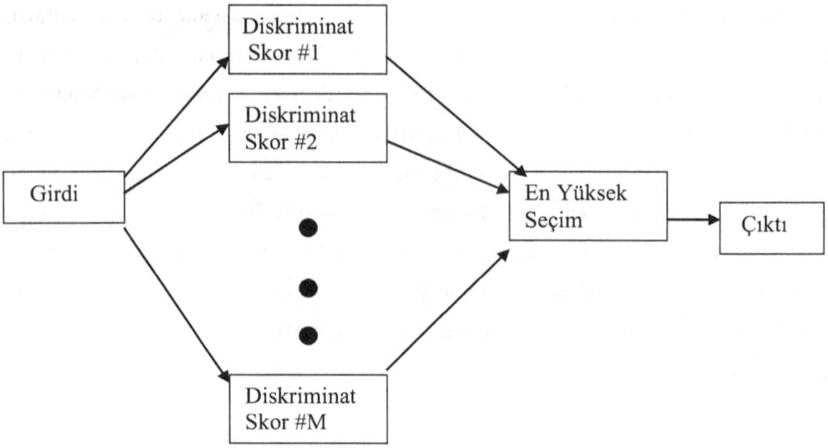

Şekil 6: Çoklu diskriminant analizlerinde sınıflandırmanın örneklenmesi

5.2.2. Birbirine Bağımlı Yöntemler

Bağımlı bir değişkenin olmadığı bir çok uygulama vardır. Bu gibi uygulamalarda; kümeleme ya da çok boyutlu derecelendirme gibi birbirine bağımlı yöntemler kullanılmaktadır.

5.2.2.1. Kümeleme

Kümeleme ya da kümeleme analizleri; nesneleri, kişileri, ürünleri ve hizmetleri her bir unsurun dahil olduğu grubun içinde olan özelliklerinin, grubunun dışındakilere kıyasla daha çok benzerlik gösterdiği gruplama yöntemlerine verilen isimdir. Kümeleme yöntemleri çok geniş çaplı bilim dallarında kullanıldığı için; kümeleme için kullanılan pek çok isim bulunmaktadır. Örneğin; *kontrolsüz sınıflandırma; Q analizi, tipoloji* ve *sayısal taksonomi* gibi. Kümeleme yöntemi benzerliği nasıl ölçtüğü ve gruplandırmayı oluşturmak için nasıl bir yöntemin kullanıldığıyla karakterize edilmektedir. Benzerliği ölçmenin bir çok yolu vardır. Bunlar arasında *Euclidean uzaklığı* en yaygın olarak kullanılan yöntemdir. A ve B olarak iki nesne verildiğini düşünelim, bunlar arasındaki *Euclidean uzaklığı* bunları bir araya getiren çizginin uzunluğu olarak tanımlanmaktadır. Diğer uzaklık ölçümleri mutlak ve maksimum uzaklık fonksiyonlarıdır. Bu değişik ölçüler arasındaki farklar Şekil 7'de gösterilmiştir. Kullanılan uzaklık ölçümüne bakmaksızın; iki nesne arasındaki az bir uzaklık değeri yüksek bir benzerliğe işaret etmektedir ve tam tersi olarak da fazla bir uzaklık değeri daha az benzerlik olduğuna işaret etmektedir. Bütün uygulamalardaki nesnelerin bir çok özellikleri olacağı ve bunların her biri de farklı ölçülerle ölçüleceği için kümelemede yaygın olarak normalleştirilmiş bir uzaklık fonksiyonu kullanılmaktadır. Normalleştirilmiş uzaklık fonksiyonu ham veri normalleştirme aşamasını da içine almaktadır böylece her bir ham değer sıfır ortalama ve birim değişikliğiyle standart değişkene çevrilmektedir. En yaygın olarak kullanılan normalleşmiş uzaklık ölçüsü *Mahalanobis Uzaklığı*dır. Mahalanobis uzaklığı yalnızca farklı özellikler için farklı ölçüler kullanmakla kalmaz aynı zamanda yaklaşımlar arasındaki karşılıklı korelasyonları da açıklar.

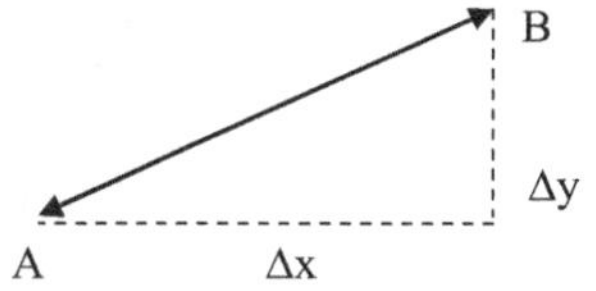

Şekil 7: Uzaklık ölçülerinin örneklenmesi

Euclidean uzaklığı $= (\Delta x^2 + \Delta y^2)^{1/2}$

Mutlak uzaklık $= (|\Delta x| + |\Delta y|)$

Maksimum uzaklık $= \max \{|\Delta x|, |\Delta y|\}$

Yaygın kümeleme yöntemlerinin büyük bir kısmı iki genel kategoride incelenebilir:

1) *Hiyerarşik*
2) *Bölünebilir*

Hiyerarşik kümeleme yöntemi kümeleme işlemini bir ağaç yapısıyla gösterilebilecek bölmelerin iç içe geçmiş sırasıyla gerçekleştirir. Diğer yandan, bölünebilir kümeleme yöntemi kümelemeyi bir denemeyle gerçekleştirir. Şekil 8'de bu başlıca iki çeşit kümeleme yöntemi arasındaki farklar gösterilmektedir.

5.2.2.1.1. Hiyerarşik Kümeleme

Hiyerarşik kümeleme de yöntemleri kendi aralarında iki ana gruba ayrılmaktadır: Bunlar *toplayıcı* ve *bölücü* yöntemlerdir. Toplayıcı kümelemede her bir nesne kendi kümesi olarak işe koyulur. Daha sonraki aşamalarda birbirine en yakın iki küme çiftler halinde eşleşmektedir. Bu işlem kümelerin sayısı istenilen düzeye inene ya da en sonunda bütün kümeler Şekil 8'de gösterildiği gibi tek bir kümede toplanana kadar devam eder. Şekil 8'de gördüğünüz ağaç yapısına çoğunlukla *dendrogram* adı verilir. Hiyerarşik kümelemeye ilişkin bölücü yaklaşım toplayıcı yaklaşımın tam tersi şeklindedir. Burada bütün nesnelerin tek bir geniş grubuyla işe başlarız. Daha sonraki aşamalarda birbirleri arasında en fazla farklılık olan nesneler ayrılırlar ve daha küçük kümeler oluştururlar. Her bir nesne kendi başına bir küme haline gelene dek bu işlem bu şekilde devam eder. Toplayıcı yöntemler çok daha popülerdir ve istatistiksel yazılım paketlerinin bir çoğunun yanında bunlar da verilmektedir. Popüler toplayıcı kümeleme yöntemlerinden bazıları *tek bağlantı*, *tam bağlantı* ve *ortalama bağlantıdır*. Kümeler arasındaki benzerliğin hesaplanış şekline göre bu yöntemler birbirlerinden ayrılmaktadır. Şekil 9'da bu farklılıklar gösterilmiştir:

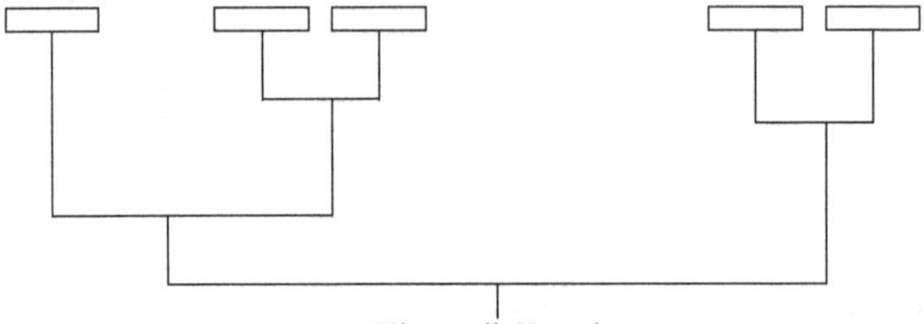

Hiyerarşik Kümeleme

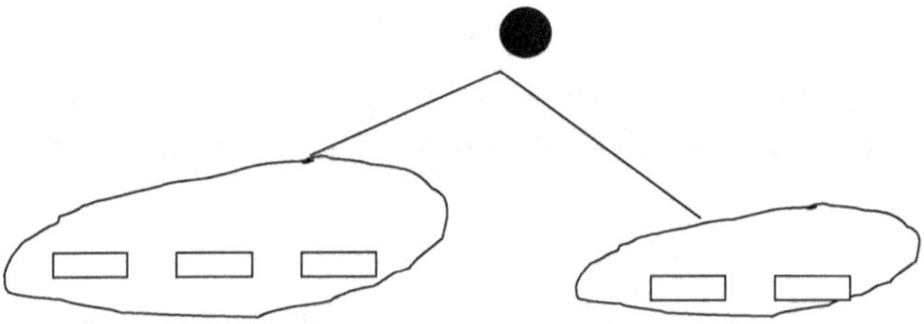

Bölünebilir Kümeleme

Şekil 8: Hiyerarşik ve bölünebilir kümeleme arasındaki farklar

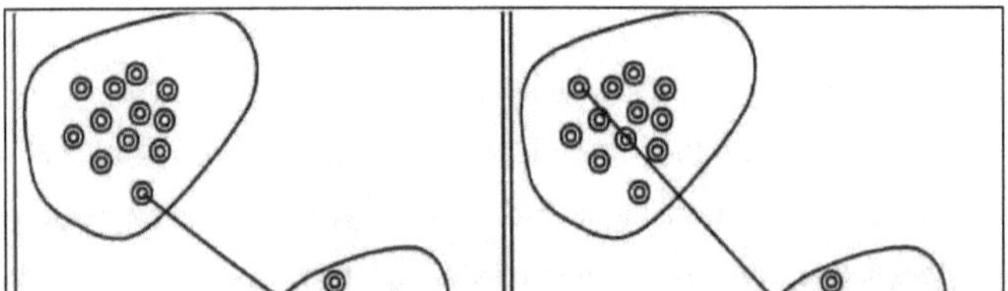

Tek Bağlantılı Kümeleme　　　Tam Bağlantılı Kümeleme

Şekil 9: Tek bağlantı ve tam bağlantı kümelemesinde benzerlik hesaplamaları

5.2.2.1.2. Bölünebilir Kümeleme

Bölünebilir kümeleme yöntemleri ardışık ve eş zamanlı olmak üzere iki gruba ayrılır. Ardışık bölünebilir kümeleme yönteminde, kümelenecek olan nesneler tek tek ele alınırlar ve nesnelerin sunum sıralarının genellikle en son kümeler üzerinde etkisi vardır. Bunun aksine eşzamanlı yöntemlerde bütün nesneler aynı anda ele alınırlar ve nitekim bu yöntem daha iyi sonuçlar ortaya koyar. Bir çok bölünebilir kümeleme yönteminde kümeleme, optimizasyon yoluyla gerçekleştirilir. Optimizasyon yöntemini kullanmayan direkt bölünebilir kümeleme yöntemlerinin tersine bu tür yöntemler *dolaylı yöntemler* olarak bilinmektedir. En yaygın olarak bilinen bölünebilir kümeleme yöntemini k-means yöntemidir, bu yöntemde kullanıcı ilk bölünmeyi ya da gelişigüzel ilk bölünmeyi belirttikten sonra kümelenen çözüm tekrarlayıcı bir şekilde geliştirilir.

5.2.2.2. Hiyerarşik ve Bölünebilir Kümelenmenin Karşılaştırılması

Geçmişte bölünebilir yöntemler mühendislik uygulamalarında daha sık kullanılırken, biyolojik, sosyal ve davranışsal bilimlerde hiyerarşik kümelenme teknikleri daha popülerdir. Hiyerarşik yöntemlerin en büyük avantajı hızlı olmalarıdır. Diğer bir avantajı ise küme sayısına ilişkin hiçbir bilginin gerekli olmamasıdır. Hiyerarşik yöntemlerin dezavantajı ise bazen yapay gruplandırmalara yol açmalarıdır; çünkü gruplandırma işleminin hiyerarşik yapısı gereği gruplandırma hataları geri çevrilemez. Bunun aksine; bölünebilir yöntemler buna göre oldukça yavaştır ama daha iyi sonuçlar vermektedir. Ne var ki, bu yöntemlerin ilk baştaki çekirdek noktalarının iyi olması kullanıcıya bağlıdır ve bu nedenle de kullanıcı adına ilgi alanının daha iyi anlaşılmış olmasını gerektirir. Seçilen kümeleme işlemine bakmaksızın, genellikle tek bir çözümü nihai çözüm olarak belirlemek yerine birkaç çözümün hesaplanması tavsiye edilmektedir.

5.2.2.3. Çok Boyutlu Derecelendirme

Çok boyutlu derecelendirme (MDS), nesneler arasındaki benzerlikleri ortaya çıkarma da ileri boyutlu boşluktan düşük boyutlu boşluğa (iki ya da üç boyut) uzanan bir projeksiyona dayanmaktadır. Yüksek boyutlu boşluktan düşük boyutlu bir boşluğa uzanan bir planın MDS'de işe yaraması için, planın noktalar arasındaki mesafeleri mümkün olduğunca uzak tutması gerekmektedir. MDS aynı zamanda *algısal planlama* olarak da bilinmektedir ve ortaya çıkan projeksiyona da *algılanan karşılaştırmalı görüntü* adı verilmektedir. MDS'nin başlıca uygulama alanı ürün ve hizmetler konusunda müşteri tercihlerini değerlendirme aşamasıdır. *Ayrıştırıcı* ve *bileştirici* olmak üzere iki grup MDS tekniği bulunmaktadır. Aynı zamanda niteliksiz yaklaşım olarak da bilinen ayrıştırıcı yaklaşım farklı nesneler arasında yalnızca tam bir benzerlik verilerinin bulunduğu durumlarda kullanılmaktadır. Bunun aksine; bileştirici yöntemler her bir nesnenin sayısız niteliğine ilişkin ayrıntılı verilerin bulunduğu durumlarda kullanılmaktadır. Bir çok istatistiksel yazılım paketi her iki MDS yöntemini de sunmaktadır.

5.2.3. Örnek Tanıma

Örnek Tanıma teorisi ve uygulaması örneklerin, nesnelerini sinyallerin ve yöntemlerin sınıflandırılması ve açıklanması için kullanılan yöntemlerin tasarımı, analizi ve geliştirilmesiyle ilgilidir. Sınıflandırma örneklerin uzunluk, genişlik, kalınlık ya da renk gibi fiziksel özelliklerini kullanarak gerçekleştirilir. Bunlara *özellikler* ya da *nitelikler* denmektedir ve örneklerin ölçümü için özelliklerinin alınması işlemine de *özellik çıkarımı* adı verilmektedir. Örnek tanıma sistemleri iki çeşit uygulamada kullanılmaktadır: Bu uygulama çeşitlerinden ilki, örnek doğrulanma sisteminin maliyet ve hız konusunda fayda sağladığı uygulamalardır. Bu tür uygulamalara üretimde parça tanıma ve yerleştirme, banka ve ofislerde el yazısının tanınması ve sesin tanınmasını örnek verebiliriz. İkinci çeşit uygulamalar da bir uzmana yardımcı olmak ya da onun yerine geçmek amacıyla tam bir tanıma işleminin gerçekleştirildiği örnek tanıma sisteminin kullanıldığı uygulamalardır. Bu çeşit uygulamalara parmak izi sınıflandırmalarını, sonar sinyal sınıflandırmaları ve yapılarda defo ve özür tespitini örnek olarak verebiliriz.

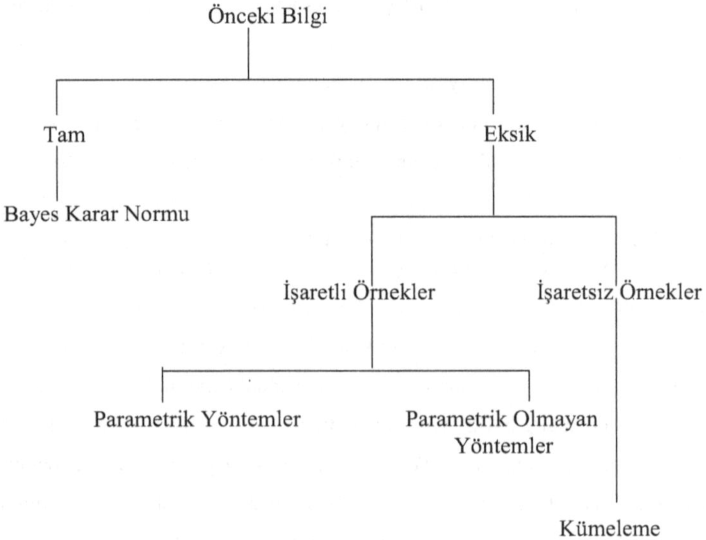

Şekil 10: İstatistiksel Örnek Tanıma Tekniklerinin Taksonomisi

5.2.4. Örnek Tanıma Yaklaşımları

Örnekleri tanımaya (PR) ilişkin üç temel yaklaşım vardır: Bunlar *istatistiksel*, *yapısal* ve *nöral* yaklaşımlardır. Veri madenciliği bağlamında; istatistiksel ve nöral yaklaşımlar işe yaramaktadır ve bunlar üzerinde durulacaktır. Nöral yaklaşım nöral ağlar altında açıklanacaktır. Bu noktada kendimizi istatistiksel örnek tanıma (SPR) yaklaşımıyla sınırlandıracağız. İstatistiksel yaklaşım; istatistiksel karar teorisinden ileri gelmektedir. Örnek doğrulamaya ilişkin bu yaklaşım her örneği (nesne ya da veri kaydı) uygun özellik boşluğunda bir nokta olarak görmektedir. Birbirine benzemeyen yani farklı sınıflardan gelen örnekler özellik boşluğunda birbirinden ayrı dururken; birbirine benzeyen örnekler birbirine yakın durma eğilimindedirler. İstatistiksel örnek tanıma tekniklerinin taksonomisi Şekil 1O'da gösterilmiştir. Bir örnek doğrulama işlemiyle ilgili öncelik olasılıkları ve dağıtım parametreleri gibi tam bir bilgi mevcutsa; tercih edilen PR yaklaşımı en ideal doğrulama performansını gösteren Bayes Karar Normudur. Ne var ki; tam bilgi nadiren bulunur ve bir grup öğretici ya da örnek modeli kullanılarak sürekli olarak bir PR sistemi tasarlanmaktadır. Bu veri madenciliğine benzemektedir. Örnek modeller sınıflandırıldıktan sonra, artık *etiketli örneklerimizin* olduğunu söyleyebiliriz. Bu gibi durumlarda; *parametrik olan* ve *parametrik olmayan* sınıflandırma yaklaşımları kullanılmaktadır. Örnek modellerde sınıf etiketleri olmadığı zaman, sınıflandırma kümeleme yoluyla gerçekleştirilir. SPR'deki sınıflandırma yöntemleri istatistiksel veri analizinde anlatılanlarla aynıdır.

5.2.4.1. Parametrik Yöntemler

Parametrik Yöntemler, sınıfa bağlı yoğunlukların şekli bilindiği zamanlarda kullanılmaktadır. Uygulamada ise bu yoğunluklar çoğunlukla çok çeşitli Gaussian olarak kabul edilirler. Gaussian fikri, doğrusal ya da kareli sınıflandırmalara yol açar. Bu sınıflandırmaları uygulamaya sokmak için, sınıfa bağlı yoğunluk fonksiyonları parametreleri mevcut bulunan önceden sınıflara ayrılmış öğretici örnekler kullanılarak değerlendirilir.

5.2.4.2. Parametrik Olmayan Yöntemler

Sınıfa bağlı yoğunlukların şekillerinin bilinmediği bu gibi durumlarda parametrik olmayan yöntemler kullanılmaktadır. Parametrik olmayan iki temel yaklaşım vardır: *yoğunluk değerlendirme yaklaşımı* ve *sonra gelen olasılık değerlendirme yaklaşımı*. Yoğunluk değerlendirme yaklaşımı için verebileceğimiz en bilinen örnek *Parzen pencere* tekniğidir. Bu teknikte yoğunluk fonksiyonunu değerlendirmede ara değerini hesaplamak için hareket eden bir pencere kullanılır. Sonradan gelen olasılık tahmin yaklaşımı içinse *k- en yakın komşu* (k-NN) yöntemini örnek olarak verebiliriz. Bu yaklaşım sınıflandırma yapmada şu kuralı benimser: Etiketli öğretici örnekler kümesinden alınan k- en yakın komşuları arasında çoğunlukta bulunan sınıfa ait bilinmeyen bir modeli sınıflandırın. k=1 ise, bu yönteme *en yakın komşu sınıflandırıcısı* adı verilir. Bu sınıflandırmanın bir tabloya bakma işlemi olduğunu görmek çok kolaydır. Veri madenciliğinde k-NN yöntemi çok yaygın olarak bilinen bir yöntemdir çünkü bu tamamen veri-kaynaklı bir yöntemdir ve veriyle ilgili hiçbir görüş bildirmez. Ayrıca, k-NN kuralı komplike norm sınırları üretebilmektedir. Şekil 11 k=1 için bu karmaşıklığı göstermektedir. K-NN kuralının en önemli dezavantajı hesaplanma sorunudur; bilinmeyen bir modelin aşırı derecede geniş olabilecek alıştırma grubundaki bütün modellerle denenmesi gerekmektedir. Bu k-NN sınıflandırıcısının engellemelerini dengelemek için literatürde pek çok etkili uygulama planı mevcuttur.

Parametrik olan veya parametrik olmayan şimdiye kadar anlatılan bütün sınıflandırma yaklaşımları tek aşamalı yaklaşımlardır, yani sınıflandırma kararı bir adımda gerçekleşmektedir. Diğer yandan karar ağacı sınıflandırıcıları çok aşamalı bir karar metodolojisi sunmaktadırlar; burada nihai karara ulaşmak için alternatifler adım adım değerlendirilir. Üstelik karar ağacı metodolojisi sınıfa bağlı yoğunluklara ilişkin hiçbir görüşe gerektirmez. Sonuç olarak; istatistikte üç sınıflandırma çok popülerdir. Bunlar model doğrulama, bilgisayarla öğrenme ve nöral ağlar.

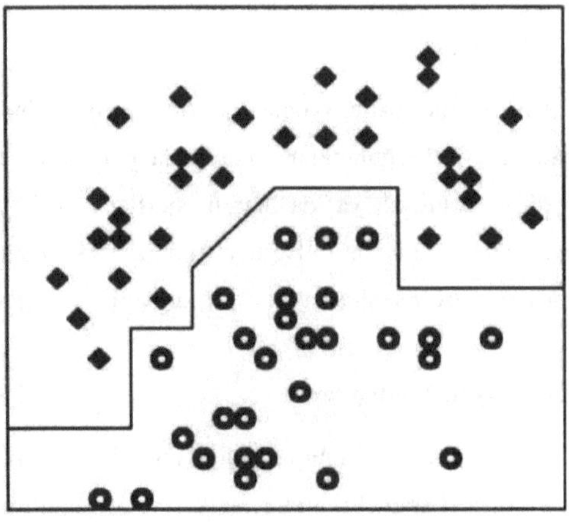

Şekil 11: 1-NN kuralı karar limiti örneği

5.3. Nöral Ağlar

Yapay nöral ağlar (ANNs) birçok bilim dalındaki başarılı uygulamalarla günümüzde muazzam bir popülariteye sahiptir. Yapay sinirsel ağlara olan ilgi çok da yeni değildir. Bu ilgi, elli yıl önce canlı sinir hücreleri ve nöronların soyut bir modelini öne süren McCulloch ve Pitts'in çalışmalarına dayanmaktadır. O günden beri, çok çeşitli nedenlerden dolayı bir çok araştırmacı ANNs'lerle ilgilenmeye başlamıştır. Bir çok araştırmacının ANNs'lerle ilgilenmeye başlamasının nedenlerinden biri ANNs'lerin karmaşık sınıflandırma, regresyon ve kümeleme sorunlarını çözmede gösterdikleri algoritmik olmayan öğrenme kapasiteleridir.

5.4. Nöron Modeli

Nöral bir ağda *nöron* adı verilen çok sayıda başlangıç işlemi birimi bulunmaktadır. Şekil 12'de tipik bir nöron modelini görmektesiniz. Bir nörona çok sayıda girdi $x_1, x_2 ..., x_k$ gerçekleşir. Her bir girdi hattında *ağırlık* olarak bilinen bağlantı kuvvetleri bulunmaktadır. Bir hattın bağlantı kuvveti *uyarıcı "excitatory"* (pozitif ağırlık) ya da *engelleyici "inhibitory"* (negatif ağırlık) olabilir. Buna ek olarak; bir nörona sapma ağırlığı aracılığıyla w_0, bütünlüğün daimi sapma girdileri verilmektedir. Nöron iki işlemi yerine getirmektedir: Bunlar toplama ve çıktı hesaplamasıdır. Toplama işlemi; aşağıda gördüğünüz denkleme göre girdilerin ve sapmaların ağırlıklandırılmış doğrusal toplamını oluşturur:

$$net = \sum_{i=1}^{k} w_i x_i$$

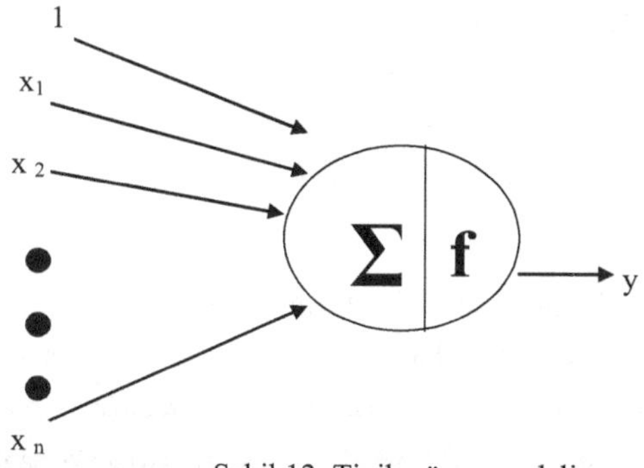

Şekil 12: Tipik nöron modeli

Çıktı hesaplaması, etkinleştirme fonksiyonuyla ağırlıklandırılmış doğrusal toplamı planlayarak gerçekleştirilir.

$$y = f(net)$$

Şiddetli ve yumuşak olmak üzere başlıca iki çeşit etkinleştirme fonksiyonu bulunmaktadır. Şiddetli etkinleştirme fonksiyonu; bir nöronun çıktısının aşağıda gösterilen iki durumdan yalnızca birinde görülebileceğini gerektirmektedir.

$$y = \mathrm{sgn}(\mathrm{net} - \mathrm{W}_0) = \begin{cases} 1, & net > 0 \\ 0, & net < 0 \end{cases}$$

Bu nöronlara çoğunlukla *ayrık* nöronlar ya da *"perceptrons"* adı verilmektedir. Bazen izin verilen iki şart 1 ve –1'dir. Bu tür nöronlara *çift kutuplu ayrık* nöronlar adı verilir. Yumuşak etkinleştirme fonksiyonlu nöronlara *yumuşak* nöronlar ya da *sürekli* nöronlar adı verilmektedir. Sigmoidal ve hiperbolik teğet olmak üzere iki çeşit yumuşak etkinleştirme fonksiyonu kullanılır. Sigmoidal etkinleştirme fonksiyonu şu şekilde hesaplanır:

$$y = \frac{1}{(1 + \exp(-\alpha(net - w_0))}$$

Bu [0 1] aralığında sürekli olarak değişen çıktılar oluşturur. Etkinleştirme için hiperbolik teğet fonksiyonu [-1 1] aralığında sürekli çıktı vermektedir. Bu fonksiyon şu şekildedir:

$$y = \frac{(1 - \exp(-\alpha(net - w_0))}{(1 + \exp(-\alpha(net - w_0))}$$

5.5. Nöral Ağ Modeli

Nöral bir ağ bir araya gelmiş birbiriyle bağlantılı nöronlardır. Aralarındaki bu tür bağlantılar tek bir kat da çoklu katlar da oluşturabilir. Üstelik aralarındaki bu bağlantılar tek yönlü de olabilir, çift yönlü de. Nöronların ve aralarındaki bağlantıların düzenlenmesine ağın *planlanması* denir. Farklı nöral ağ modelleri farklı yapılara uyar. Aralarındaki bağlantıların kuvvetlerini (ağırlıklarını) bulmak için farklı sinirsel ağ yapıları farklı öğrenme yöntemlerini kullanır. Öğrenme bir grup alıştırma örneği kullanılarak gerçekleştirilir. Bir alıştırma örneği; verilen bir grup girdi değeri için hangi çıktıların üretilmesi gerektiğini belirlerse; bu öğrenme yöntemine *kontrollü* öğrenme yöntemi adı verilir. Bu istatistiksel veri analizi ve örnek tanımada önceden sınıflandırılmış bir grup örnek kullanmakla aynı şeydir. Bunun tersine; bir alıştırma örneği ağ tarafından oluşturulacak çıktıları belirlemezse; bu ağ *kontrolsüz* öğrenme yöntemini kullanıyor demektir. Nöral ağ modellerinin bir çoğu ya kontrollü ya da kontrolsüz öğrenme yöntemini kullanırken; birkaç model de hem kontrolü hem de kontrolsüz öğrenmenin bir kombinasyonunu kullanmaktadır.

Şekil 13'de gördüğünüz gibi, literatürde üzerinde çalışılan çok sayıda nöral ağ modeli vardır. Her modelin kendine özgü zayıf ve kuvvetli yanları ve bunun yanında da özellikle farkedilebilir bir grup sorun vardır.Burada veri madenciliği uygulamalarında çok yaygın olarak kullanılan üç modeli kısaca anlatılacak. Bunlar;

1) *Tek katlı perceptron* (Single-Layer Perceptron,SLP) ağı
2) *Çok katlı ileri bilgi akışlı ağı*
3) *Kendi kendine düzenlenen özellik planı.*

Diğer modeller hakkında nöral ağlar konusunda yazılmış kitaplara çeşitli bilgiler bulunmaktadır.

5.5.1. Tek Katlı Perceptron Ağ Modeli

Bir SLP modelinde bir ya da daha fazla nöron ve birkaç girdi bulunur. Her nöron bütün girdileri ya da girdilerin yalnızca bir kısmını alabilir. SLP ağları kontrollü öğrenme kullanılarak eğitilmektedir. SLP ağlarında kullanılan çok iyi bilinen iki öğrenme yöntemi *perceptron öğrenme algoritmi* ve *delta kuralıdır.* Perceptron eğitim algoritmi sınıflandırma öğrenimini kastetmektedir ve en eski nöral eğitim yöntemlerinden biridir. Tekrarlayıcı bir hata düzeltme yöntemidir. Bu yöntemde; bir nöron eğitim örneklerinde her sınıflandırma hatası yapışında ağırlığını ayarlaması istenir. Bu ağırlık ayarlama işlemi her nöron kendisinden beklenen çıktıyı verene kadar devam eder. Perceptron öğretme yönteminin, yalnızca altında yatan sınıflandırma kuralları doğrusal olduğunda birbirine yaklaştığı gösterilmektedir. Bu perceptron öğretme yönteminin önemli bir kısıtlamasıdır çünkü ilgi çekici bir çok problemin karmaşık doğrusal olmayan sınıflandırma kuralları vardır. Perceptron çalışma yöntemini karmaşık sınıflandırma durumlarında da kullanabilmek amacıyla son zamanlarda birkaç değişiklik teklifi gelmiştir.

Delta kuralı; tam tersine Gradient arama yöntemini kullanarak her bir nöronun ağırlığını saptamaya çalışan hataları minimuma indiren bir yöntemdir. Sonuç olarak delta kuralında bir yakınlaşma sorunuyla karşılaşılmamaktadır ancak bu yönteminde bir sakıncası vardır; o da çoğu zaman küresel olarak minimum çözümler üretmek yerine lokal olarak minimum çözümler üretmesidir. Delta öğrenme teknikleri sınıflandırma çalışmalarının yanı sıra regresyon çalışmalarına da uygulanabilir. Ne var ki; SLP ağları için delta öğrenimi tarafından oluşturulan sınıflandırma kuralları ya da regresyon fonksiyonları doğrusal kurallardır ve bu nedenle de karmaşık problemlerin çözümünde kabul edilebilir bir performans sergilemezler.

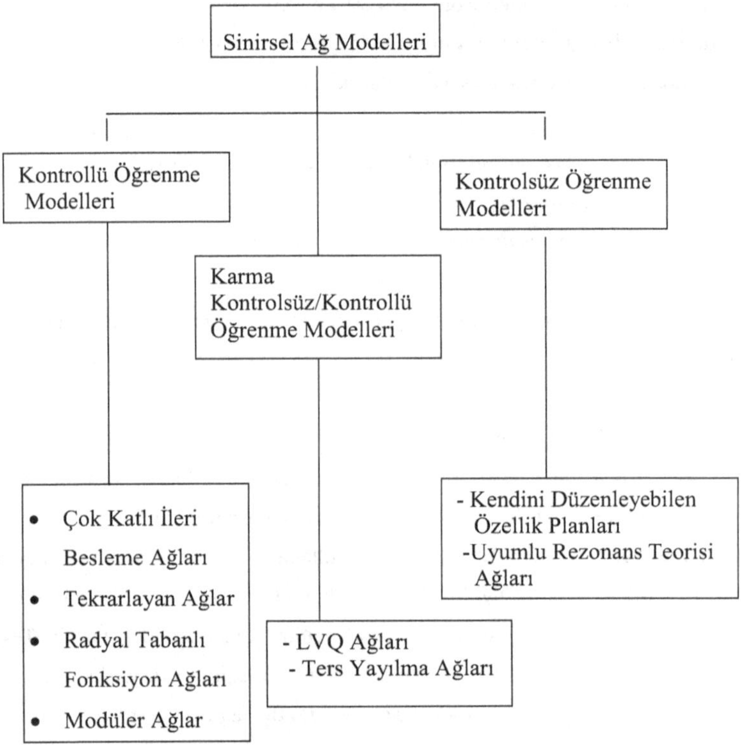

Sekil 13: Sinirsel Ağ Modellerinin Bir Sınıflandırması

5.5.2. Çok Katlı İleri Beslemeli Ağ Modeli

Çok katlı ileri beslemeli nöral ağ modeli belki de en yaygın kullanılan sinirsel ağ modelidir. Bu modelde Şekil 14'te gördüğünüz üzere birbirine bağlı iki ya da daha fazla nöron katı vardır. Genellikle bir kattaki tüm nöronlar tek yönlü bağlar aracılığıyla komşu kattaki bütün nöronlarla bağlantılıdır. En solda kalan kata *girdi* katı, en sağda kalan kata ise *çıktı* katı adı verilir. Geri kalan katlara ise orta kat ya da *gizli* katlar adı verilir. Üç Katlı ileri beslemeli bir ağın girdilerle çıktılar arasında gelişigüzel komplike ilişkiler oluşturabileceği n-bilinmektedir. Bir ileri besleme ağını istenilen girdi –çıktı ilişkisini oluşturmaya zorlamak girdi ve çıktı planlarını sunarak ağı artan şekilde çalıştırmayı gerektirir. Bu çalıştırma delta öğrenme kuralının genellemesi olan hatayı minimumlaştırma işlemini takip ederek gerçekleştirilir. Bu nedenle bu çalışma yöntemi *genelleme yapılmış delta kuralı* olarak bilinir. Ancak *geri yayılma sinirsel ağlar (back propogation neural networks,* BPN*)* terimi daha yaygın olarak kullanılmaktadır. İleri beslemeli sinirsel ağ kullanmanın tek hassas noktası yapısının öğrenilen girdi-çıktı planlama karmaşıklığıyla iyi uyuşması gerektiğidir. Bunu sağlayamamak çalıştırılan ağın ileriki girdilerde iyi bir performans göstermemesiyle sonuçlanabilir. Yani ağ iyi genelleme yapamayabilir. İyi bir uyumun sağlanması için; bir ağ yapısında karar kılmadan önce birkaç ağ yapısının denenmesi gerektiği bilinmektedir. Bazı çalışma zorluklarına rağmen; çok katlı ileri beslemeli sinirsel ağlar çok geniş çaplı elverişli öngörülebilir uygulamalarda büyük bir başarıyla kullanılmaktadır. Bu ağlar aynı zamanda seri veri madenciliğinde de kullanılmaktadır. Bu tür uygulamalarda; verilerdeki mevcut geçici ilişkileri yakalamak için girdi olarak her bir kayıtlı süre anında daha önceden belirlenmiş belirli bir boyuttaki hareketli penceredeki veriler kullanılır.

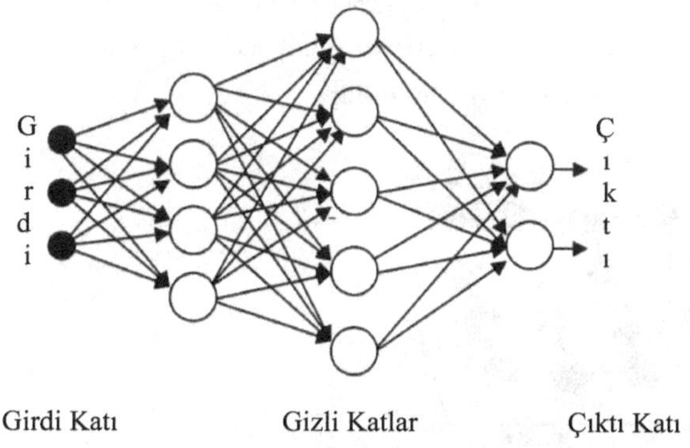

Şekil 14: Çok Katlı İleri Beslemeli Sinirsel Ağ Örneği

5.5.3. Kendini Düzenleyebilen Özellik Planları

Geri yayılma çalışma yöntemi yalnızca çalışma grubundaki her bir örneğin birleştiği bir çıktı karşılığının olduğu durumlarda uygulanabilir. Daha öncede belirtildiği gibi ne var ki bir çok önemli uygulamada hiçbir bağımlı değişken bulunmamaktadır Bu gibi durumlarda veri analizini gerçekleştirmek için nöral ağın kendini düzenleyebilir olması gerekir; örneğin dışarıdan hiçbir rehberlik almadan asıl özelliklerini kullanarak verileri analiz edebilmeli düzenleyebilmelidir. Kohonen'in kendini düzenleyebilen özellik planı (SOFM), beyindeki duyusal yollara benzer şekilde kendini düzenlemesine dair nöro-psikolojik kanıtların bulunması ve basitliği nedeniyle çok fazla ilgi gören nöral ağ modellerinden biridir. SOFM nöral ağ modelinin temel yapısı Şekil 15'te gösterilmiştir. Sınırlı sayıda yan bağları bulunan tek kat nörondan oluşmaktadır. Her bir nöron aynı girdiyi alır. Ağ çalışması *kazanan- hepsini-alır* sözüne uyarak gerçekleştirilmektedir. Bu söz ışığında; her nöron girdi modelini almak için diğer nöronlarla mücadele eder. En fazla (ya da en küçük) çıktıyı üreten nöron galip ilan edilir. Daha sonra kazanan nöron ve ona komşu olan nöronlar aynı girdi tekrar sunulduğunda daha kuvvetli bir şekilde karşılık vermek için ağırlıklarını ayarlarlar. Bu çalışma yöntemi istatistik veri analizlerini k-means kümelemelerine benzemektedir ve yararları da eksiklikleri de aynıdır. İleri beslemeli nöral ağların yanında, SOFM ağları en yaygın kullanılan sinirsel ağlardır. Kümeleme yapmanın yanı sıra; bu ağlar görüntü ve ses sinyalleri gibi ham verilerden özellik çıkarmak için de kullanılabilir. SOFM bir diğer çeşidi ise öğrenmenin kontrollü ve kontrolsüz yöntemlerini birleştirmeye uğraşan *Öğrenme Taşıyıcı Niceleme* (*learning vector quantization*, LVQ) modelidir. LVQ'yu çalıştırırken; işlenmemiş sınıflandırma kuralları ilk önce çalışma örneklerinde bilinen sınıflandırma bilgisinden faydalanmadan öğrenilir. Daha sonra bu işlenmemiş kurallar ince bir şekilde ayarlanmış sınıflandırma kurallarını elde etmek için bilinen sınıflandırma kurallarını kullanarak geliştirilir.

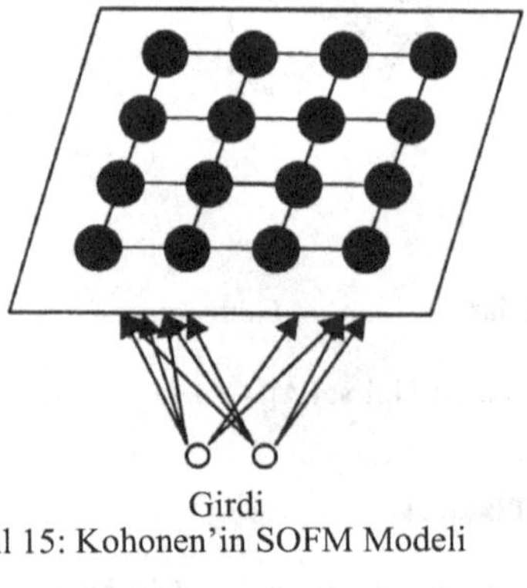
Girdi

Şekil 15: Kohonen'in SOFM Modeli

Yukarıda belirtilen üç modele ek olarak; gittikçe daha fazla popülarite kazanan diğer önemli modeller arasında *radial tabanlı fonksiyon* (RBF) ağ modeli ve *nöral ağaç* modeli bulunmaktadır. RBF nöral modeli üç katlıdır ve çok katlı ileri beslemeli sinirsel ağlarınkine benzer bir performans göstermektedir. Ne var ki, RBF ağları için çalışma süresi çok daha kısadır. Sinirsel ağaç başka bir sınıf ileri beslemeli sinirsel ağdır. Bu tür ağlar; karar ağacının yapısına benzer şekilde aralarındaki bağlılık sınırlıdır ancak öngörülebilir kapasite açısından diğer ağaç sınıflandırıcılardan daha etkilidir. Sinirsel ağaçları, ağaç merkezli yöntemler altında inceleyeceğiz.

5.5.4.Nöral Ağları Uygulamak

Tipik bir nöral ağ uygulaması şu konuların dikkate alınmasını gerektirir: Model Seçimi, girdi çıktı kodlaması ve öğrenme oranı. Bu modelin seçimi öngörülebilir problemin yapısına, beklenen karmaşıklığına ve çalışma örneklerinin yapısına bağlıdır. Nöral bir ağda girdiler ve çıktılar ya [0-1] ya da [-1-1]'le sınırlı olduğu için girdilerin ve çıktıların kodlanması çok fazla dikkat gerektirir. Çoğu zaman; girdinin ve çıktının kodlama planının ortaya çıkan öngörülebilir doğruluk ve çalışma zamanının üzerinde çok büyük bir etkisi vardır. Nöral ağlardaki diğer bir önemli etken de; öğrenme oranının seçimidir. Öğrenme oranı her çalışma aşamasında görülen ağırlık değişikliklerinin büyüklüğünü belirler. Uygun olmayan bir öğrenme oranı (çok küçük ya da çok büyük) aşırı uzun çalışma zamanına sebep olabilir ya da öngörülebilir performansın idealin altında olmasına yol açabilir. Bu nedenle; nöral ağların kullanımı çoğu zaman bir sanat olarak adlandırılmaktadır.

5.6. Bilgisayarlı Öğrenim

Bilgisayarlı öğrenim yapay zekanın alt bilim dalıdır. Bilgisayarlı öğreniminin amacı; bilgisayarları çevreden ve verilerden otonom olarak bilgi edinilmesini sağlayacak niteliklerle donatmaktır. Bilgisayarları öğrenim yöntemleri veri madenciliğindeki pek çok yeni yaklaşıma katkıda bulunanların en önemlisidir. Bunlar arasında; öğrenme için ağaç tabanlı yöntemler, genetik algoritimler, zeka etmenleri ile belirsiz ve taslak tabanlı yaklaşımlar bulunmaktadır.

5.7. Ağaç- Tabanlı Yöntemler

Sınıflandırma ve regresyonda kullanılan ağaç tabanlı yöntemler; istatistiksel veri analizi, model doğrulaması, sinirsel ağlar ve bilgisayarlı öğrenme gibi pek çok bilim dalında çok popülerdir. Bu bilim dallarının her birinde bağımsız olarak benzer çok sayıda ağaç tabanlı algoritm gelişmiştir. Ağaç tabanlı yöntemlerin bu denli popüler olmasının bir çok nedeni vardır. İlk olarak; ağaç tabanlı bir yöntem karmaşık bir problemin daha basit problemler olarak ele alınmasını sağlar. İkinci olarak; problemin başarılı bir şekilde analiz edilmesiyle ortaya çıkan ağacın yapısı elimizdeki karmaşık problemin daha iyi bir şekilde anlaşılmasını sağlar. Üçüncü olarak da; ağaç tabanlı yöntemler elimizdeki problemle ilgili en az sayıda görüş gerektirir ve son olarak da belirli uygulama alanlarında ağaç tabanlı yöntemi kullanmak maliyet açısından da biraz avantajlıdır.

5.7.1. Karar Ağacı Sınıflandırıcıları

Karar ağacı terimi çoğunlukla ağaç tabanlı sınıflandırma yaklaşımı için kullanılmaktadır. Şekil 16'da gösterildiği gibi; bir karar ağacı sınıflandırıcısı bir veri kaydına sınıflandırma etiketini vermek için bir çok test ve karar fonksiyonunu kullanır. Bu testlerin değerlendirmesi, her testin sonucu sınıflandırılan kayıtla ilgili belirsizliği azaltacak şekilde düzenlenmiştir. Karmaşık karar sınırları oluşturma kapasitelerine ek olarak; Şekil 16'da da açıkça görüldüğü gibi bu kadar fazla popülariteden ve çok sayıdaki uygulamadan sorumlu olan karar ağacı sınıflandırıcılarının sezgisel yapısıdır. Sınıflandırmada kullanılan diğer bütün veri madenciliği metodolojileri gibi; karar ağacı sınıflandırmasının kullanımı da; ağaç sınıflandırıcısının çalışma verilerinden otomatik olarak çıkarımını gerektirir. Örnek tanıma ve bilgisayarlı öğrenim literatüründe bu amaçla pek çok otomatik algoritm bulunmaktadır. Bu karar ağacı giriş algoritmlerinin bir çoğu yukarıdan aşağıya ve böl ve ele geçir stratejilerini takip etmektedir. Bu stratejilerde önceden sınıflandırılmış örnek yığınları; sınıflandırma etiketleri bakımından homojenliği artan alt kümeler oluşturmak amacıyla sona ermesi için gerekli koşullar sağlanıncaya kadar tekrar tekrar bölünür.

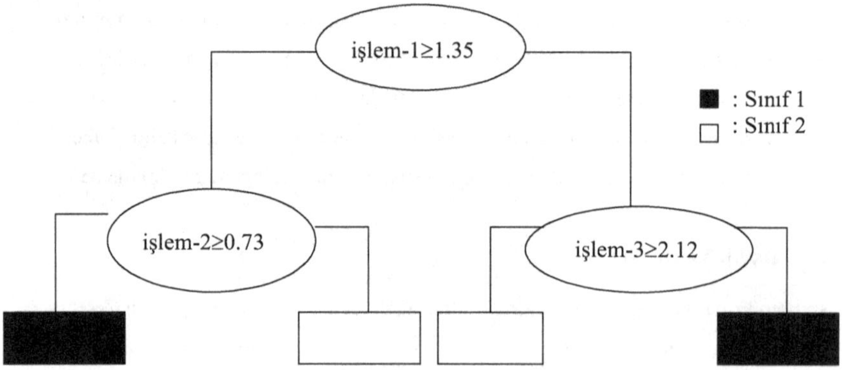

Şekil 16: Bir karar ağacı sınıflandırıcısı örneği. Sol taraftaki kollar ağacın içindeki yerlerdeki testlerin pozitif sonuçlarına, sağ taraftaki kollar ise negatif sonuçlarına karşılık gelmektedir.

Yukarıdan aşağıya, böl ve ele geçir kara ağacı giriş metodolojileri dört unsurdan oluşmaktadır. İlk olarak; bölünen parçanın çalışma örnekleri üzerinde etkisini saptamak için bir bölme kriterine ihtiyaç vardır. İkinci olarak; aday parçaları oluşturmak için bir yönteminin olması gerekir. Üçüncü olarak; ağacın büyümesine ne zaman son verileceğini belirlemek için bir son verme kuralına ihtiyaç vardır. Son olarak da; her bitiş yerinde bir karar kuralı ileri sürmek için bir yöntem gerekmektedir. Son unsur ağaç giriş işleminin en kolay bölümüdür. Çoğunluk kuralı genellikle bu amaçla kullanılır. Değişik karar ağacı giriş yöntemleri esasen geri kalan üç unsur bakımından farklılık gösterirler. Aslında; farklılıklar genellikle yalnızca bölünme kriterinde ve sona erme kuralında görülmektedir.

Örnek tanıma, istatistiksel veri analizi ve bilgisayarlı öğrenme literatüründe çok iyi bilinen üç karar ağacı giriş yöntemi AMIG, CART ve ID3'tür. AMIG ve ID3'ün her ikisi de çalışılan örneklerin arzu edilen parçalanma ve bölünmelerini seçmek için ölçüme; ortalama-karşılıklı bilgi kazancını ölçmeye dayanan bir bilgi teorisini takip ederler. *c* sınıfından çalışma örnekleri, bunları *r* karşılıklı özel bölümlerine bölen bir *p* verildiğinde; bölmenin ortalama karşılıklı bilgi kazancı *I(P);* şu şekilde verilir:

$$I(P)=\sum_{i=1}^{r}\sum_{j=1}^{c} p(r_i,c_j)\log_2 \frac{p(c_j/r_i)}{p(c_j)}$$

Burada $p(r_i,c_j)$ ve $p(c_j / r_i)$ sırasıyla ortak ve şartlı olasılıklardır ve $p(cj)$ sınıf olasılığıdır. Olasılıklar için olası maksimum tahminleri kullanarak; yukarıdaki oran şu şekilde yazılabilir:

$$I(P)=\sum_{i=1}^{r}\sum_{j=1}^{c} \frac{n_{ij}}{N}\log_2 \frac{n_{ij}N}{N_i n_j}$$

Burada n_j , c_j sınıfındaki çalışma örneklerinin sayısını ve n_{ij} de r_i bölmesinde yer alan c_j sınıfının örneklerinin sayısını göstermektedir. *N* sayısı N_i'nin r_i bölmesinde yer alan bütün çalışma örneklerini göstermektedir. Çalışma örneklerinin en yüksek *I(P)* değerini veren bölümü seçilir. CART işleminde örnek yığınlarının katışıklığını ölçmek için farklılıkların Gini göstergeleri kullanılır. Bu şu şekilde gösterilir:

$$G = 1 - \sum_{j=1}^{c} p^2(c_j)$$

Öyleyse katışıklık ölçümünde en fazla düşüşü sağlayan bölme seçilir. Bu kriterin avantajı hesaplanmasının daha basit olmasıdır.

Ardışık örnek alt kümelerin yukarıdan aşağıya doğru bölünüşünü ne zaman sona erdirileceğine karar vermek karar ağacı giriş işlemlerinin bir diğer önemli bölümünü oluşturur. AMIG yöntemi; sona erdirmede uyarılmış ağaç tarafından sağlanan karşılıklı bilgideki düşük limiti belirten aşağıdaki eşitsizliğe dayanmaktadır. Ardışık bölünme sayesinde toplanan karşılıklı bilgi belirlenen limiti aşar aşmaz büyümekte olan ağaç durur. Bunun aksine CART(Sınırlı Boolean ve doğrusal kombinasyonları özelliklerini sağlar) ve ID3 son olarak uyarılmış karar ağacını saptamak için daha karmaşık ancak daha faydalı bir büyüme ve kısaltma yaklaşımını takip ederler. Bu yaklaşımda; çalışan örneklerin rekursiv bölünmeleri bunlar üzerinde %100'lik bir sınıflandırma doğruluğu sağlanıncaya kadar devam eder. Bu noktada; belirli bazı maliyet hesaplamalarına göre; ağaç seçmeli olarak yukarı doğru kesilir.

Karar ağacı giriş yönteminin herhangi bir aşamasında aday bölünmelerin oluşumu tek bir özellikten dolayı bölünmelerin aranmasıyla gerçekleştirilir. Örneğin; AMIG, CART* ve ID3'te yukarıdan aşağıya veri bölümünün her biri nitelikler düzenli değişkenler olduğunda "$x_1 \geq t$'midir?" şeklini alır ya da niteliklerin yapısı ikili ise "x_1 doğru mu?" şeklini alır. Tek özellikli bölmeler kullanmanın nedeni yasal bölmelerin kapladığı yerin alanını azaltmaktır. Örneğin; n ikili özelliklerle; tek bir özellik bölünme işleminin en iyi bölünmeyi saptaması için yalnızca n farklı bölünmeyi değerlendirmesi gerekmektedir. Diğer yandan; çok özellikli bir bölünme yönteminin en iyi bölünmeyi bulmak için çok sayıda Boolean kombinasyonunu denemesi gerekecektir. Eğer bütün olası Boolean Fonksiyonları denenecek olursa 2^{2^n} tutarlı fonksiyonun denenmesi gerekecektir. Son yıllarda karar ağacı bölünmelerini bulmak için *nöral ağaçlar* adı verilen nöral ağ tabanlı bir çok yöntem geliştirilmiştir. Bu yöntemler etkili biçimde çok özellikli bölünmeler oluşturabilmektedirler. Bu sinirsel ağaç yöntemlerinin bir çoğu perceptron çalışma yönteminin değiştirilmiş versiyonlarından faydalanırlar. Sinirsel ağaçlar çok katlı ileri beslemeli ağlar tarafından sergilenen öngörülebilir kapasitelere benzer kapasiteler sağlamamalarına rağmen; bunların popülerlikleri adım adım ilerleyen karar verme sürecinin sezgisel çekiciliğinde yatmaktadır.

5.7.2. Regresyon Ağaçları

Ağaç merkezli yöntemlerin büyük bir çoğunluğu sınıflandırma işiyle ilgiliyken; örneğin bağımlı değişkenin farklı bir değişken olduğu veri madenciliği durumları gibi; ağaç tabanlı yaklaşımı da eşit ölçüde regresyon için uygundur. Bu gibi durumlarda ağaca *regresyon ağacı* adı verilir. Regresyon ağacı yaklaşımının en bilindik örnekleri CART (Sınıflandırma ve Regresyon Ağaçları) ve CHAID (Chi karesi otomatik Etkileşim Saptaması) dir. CHAID, AID (Otomatik Etkileşim Tespiti)'nin bir uzantısıdır. Bu ikisi arasındaki fark şudur: AID bağımlı değişkenin metrik bir ölçüsünün (süre ya da oran) olduğu uygulamalarla sınırlıdır. Bunun aksine CHAID'in uygulama alanı daha geniştir ve bağımlı değişkenin koşulsuz bir değişken olduğu durumlarda örneğin; marka tercih verilerini kullanarak pazar segmentasyonu uygulamalarında bile uygulanabilmektedir. Çalışma örneklerinden regresyon ağacı oluştururken takip edilecek aşamalar, daha önce anlatılan karar ağacı giriş yöntemlerine benzemektedir. Aralarındaki en önemli fark bölünme kriterlerindedir. Bir regresyon ağacı oluştururken, sınıflandırma işine uygun olan ortalama karşılıklı bilgi kazancı tipi ölçümleri kullanmak yerine en az kesinliği olan gerileme hataları ölçümleri kullanılır. CART ve CHAIT arasında iki temel fark vardır. Öncelikle CART kullanılarak oluşturulan ağaçlar ikili ağaçlardır yani her dal verileri yalnızca iki gruba ayırır. CHAID'de ise bölünmelerin sayısı daha fazla olabilir. İkinci fark ise şudur: CHAID katıksız bir yukarıdan aşağıya yöntemidir, CART metodolojisi ise uygun ağaç ebatını saptamak için aynı zamanda aşağıdan yukarı doğru kesme yöntemini de kullanır.

5.8. Genetik Algoritimler

Genetik Algoritimler (GAs) evrensel hesaplama adı verilen ve son zamanlarda bilgisayarlı öğrenmede gittikçe popülerlik kazanmaya başlayan bu geniş alana girmektedir. Evrimsel Hesaplama doğal tercih ve gelişim yöntemlerini kullanarak problemleri çözmeyle ilgilidir. Esasen genetik algoritimler; gelişimde varsayım merkezli bir yaklaşım kullanan türemeyen arama ve idealleştirme yöntemleridir. Bu yaklaşımda; her bir olası çözüm, kromozom adı verilen ikili bit teline kodlanmıştır. Bütün olası çözümlerle bağlantılı olan bir diğer şey ise; çözümün kalitesini belirleyen uygunluk fonksiyonudur. Genetik algoritimlerdeki arama işlemi *gen, havuz* ya da *nüfus* adı verilen bütün olası çözümlerin rasgele toplanmasıyla başlar. Her bir arama adımında; GA yeni bir nüfus oluşturur. Örneğin; genetik değişim ve mutasyon gibi genetik operatörleri kullanan yeni bir nesil. Tıpkı doğal gelişim süreci gibi;

ardışık nesillerin üyeleri daha iyi uygunluk gösterirler. Genetik değişimden geçmiş birkaç nesilden sonra kalan çözümler arasındaki en iyi çözüm arzu edilen çözüm olarak seçilir.

GA'nın bir soruna uygulanması bir çok etmenin dikkate alınmasını gerektir. Bunlar arasında; kodlama planı, uygunluk fonksiyonunun seçimi, kaynak seçimi ve genetik operatörler bulunmaktadır. Bir kodlama planının seçimi çoğunlukla bu planın s-probleme özgü bilgileri ne kadar iyi yakaladığına bağlıdır. Seçilen kodlama planı aynı zamanda genetik operatörlerin tasarımını da etkiler. Uygunluk fonksiyonunun seçimi çözülmekte olan problemin yapısıyla bağlantılıdır. Sınıflandırma problemleri için; uygunluk fonksiyonu çalışma verilerindeki sınıflandırma doğruluğu olabilir. Diğer yandan; uygulama fonksiyonu regresyon problemleri için ortalama hatalarla ilgili olabilir. GA'nın kaynak seçimi bileşeni; mevcut nüfusun üyelerinin olası çözümlerin gelecek neslini oluşturmak için nasıl eşleşeceğini belirtmektedir. Alışıla gelmiş yaklaşım eşleşme olasılığını bir üyenin uygunluk fonksiyonunun değerine bağımlı kılmaktır. Bu daha iyi uygunluk değerlerine sahip kişilerin uygunluk davranışının kurtulmasına bağlı olarak üremelerini sağlamaktadır. Genetik Değişim ve mutasyon operatörleri bir sonraki neslin çözümlerinin özelliklerini belirleyen iki genetik operatördür. *Genetik değişim* operatörü kaynağın genetik kodunun bir kısmını değiştirmeyi kapsar. Bu mevcut neslin iyi özelliklerinin gelecek nesiller için saklanmasını sağlar. Bir noktalı genetik değişim operasyonunda anne veya babanın genetik kodunun bir noktası rasgele seçilir ve bu noktada kaynak kromozom değiştirilir. Şekil 17'de bu iki genetik değişim operasyonu gösterilmiştir. Çok daha fazla noktalı genetik değişim operatörleri tanımlanabilirken; GA'larda tipik olarak bir ve iki noktalı genetik değişim operatörleri kullanılır.

Mutasyon operatörü kromozom ağında rasgele bir bitin seçilmesi ve bunun değerinin belirlenen mutasyon oranına eşit bir olasılıkla çevrilmesinden oluşur. Mutasyonun bir örneği şekil 18'de gösterilmiştir. Mutasyon operatörüne ihtiyaç duyulmasının nedeni; genetik değişim operasyonun sadece mevcut genlerin kullanılmasını sağlaması ve yalnız başına tatmin edici bir çözüm sağlayamamasıdır. Mutasyon olmadan; lokal olarak ideal sonuçlar alma tehlikesi belirir. İyi genleri korumak için genel olarak çok düşük bir mutasyon oranını kullanmak yaygındır. Ayrıca; yüksek mutasyon oranı rasgele aramalarınkine çok benzer bir tutum sergiler ve bu nedenle de kullanılmaz. GAs'lar seçim, genetik değişim ve mutasyonun yanı sıra; bir sonraki neslin üyelerini belirlemek için çoğu zaman daha başka standartlar da kullanılır.

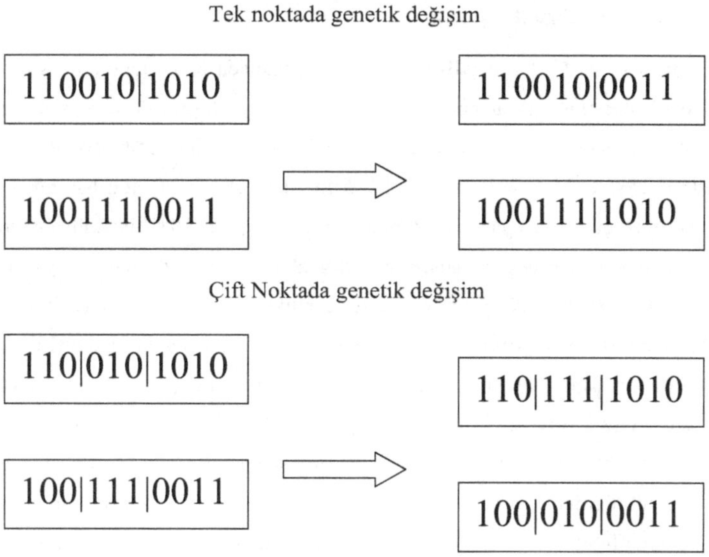

Şekil 17: Genetik Değişim Operasyonlarının Örnekleri

Problemleri çözme konusunda GAs'lar çoğunlukla tek başlarına kullanılırken, GAs'ların diğer veri madenciliği yöntemleriyle birlikte kullanıldığına da rastlamak da mümkündür. Örneğin; karar ağacı metodolojisinde GAs'lar veri bölünmelerini saptamak için kullanılmaktadır. Nöral ağlarda; bunlar ağın kısaltılması ya da en ideal ağ konfigürasyonunun bulunması için kullanılabilir. Örnek evrim çekiciliğine ek olarak; GAs'ların popülaritesine katkıda bulunan daha başka pek çok neden vardır. İlk olarak GAslar doğaları gereği paraleldir ve bu nedenle de paralel işleyen makinalara toplu hızlandırmalar için kullanılabilirler. İkinci olarak ise; GAs'lar sürekli durumdaki en uygun hale getirme problemlerinin yanı sıra ayrık olanlara da uygulanabilirler. Son olarak da; GAs'ların lokal minimumda tuzağa düşme olasılıkları çok düşüktür. Bu avantajlarına rağmen; bu algoritmler henüz çok geniş çaplı problemlere uygulanmaya başlanmamıştır. Bunun muhtemel nedenlerinden biri; paralel işlem henüz uygulanmamışken hesaplamalar konusunda diğer yöntemlere oranla önemli derecede çabalamayı gerektirmesidir.

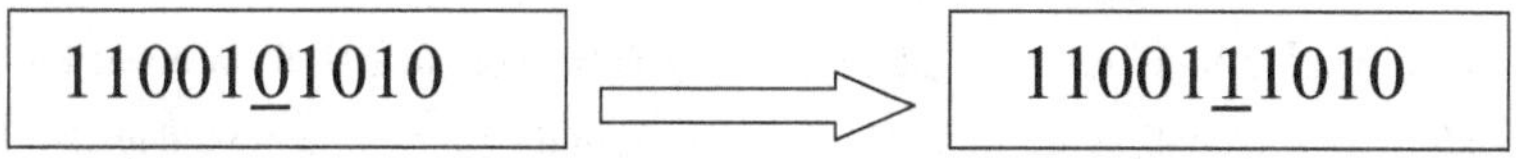

Şekil 18: Bir mutasyon operasyonu örneği

5.9. Akıllı Etkenler (Intelligent Agents)

Intelligent Agents (IA) son yıllara bir çok uygulamada hızla popülerlik kazanan bir diğerli bilgisayarlı öğrenim yaklaşımıdır. GAs'lar gibi IA yaklaşımı da nüfusa dayanan bir yaklaşımdır. Ancak; yeni bir çözüm üretmek için bir üyenin bir diğer üyeyle etkileşime girdiği GAs'ların aksine; IA yaklaşımı her biri akıllı etken olarak adlandırılan nüfus üyeleri arasında sosyal etkileşimi sağlayarak çözümler bulmayı kapsar. Her bir akıllı etken; farklı alışkanlıkları ve davranış örnekleri gösteren farklı akıllın etkenleri olan bireylermiş gibi davranır. Etkenlerin alışkanlıkları ve davranış özellikleri mevcut verilere bağlı olarak belirlenir. Bu sahte etkenler birbirleriyle etkileşime girdikçe; kendilerini düzeltir ve diğer etkenleri benimserler. Çok geniş bir etkenler topluluğunun davranışlarını izleyerek verilerde saklı kalmış çok değerli bilgilere ulaşırız. Örneğin; her bir bireyin bir müşterinin alışveriş alışkanlıklarını taklit etmesine izin vererek ve IA simulasyonunu yeteri kadar uzun bir süre çalıştırarak yeni ürünlerden kaç birimin hangi oranda satıldığını hesaplayabiliriz. Öyleyse; simulasyondan edindiğimiz bilgiler bizlere bu yeni ürünün başarılı olup olamayacağını söylerler.

5.10. Belirsiz ve Taslak Kümeler

Şimdiye kadar anlatılan bütün yöntemlerin günlük yaşamda çok yaygın olan belirsizlikleri birleştirme konusunda bir girişimi yoktur. Belirsiz kümeler ve taslak kümeler kavramları bu girişimi göstermişler ve bir çok uygulamada da çok iyi sonuçlar vermişlerdir. Belirsiz küme kavramları 1965 yılında Lotfi Zadeh tarafından ortaya atılmıştır ve o günden beri de sayısız uygulamalarda kullanılmıştır. Son birkaç yılda özellikle belirsiz kümelere gösterilen ilgide çok hızlı bir artış olmuştur. Bir nesnenin bir kümeye ya dahil olduğu ya da olmadığı geleneksel kümelerin tersine belirsiz kümelerde nesnelerin üyelik dereceleri değişiklik göstermektedir. Örneğin; uzun boylu kişiler kümesini düşünelim. Geleneksel yaklaşımda; boy uzunluğu konusunda belirli bir sınır belirleyecektik; örneğin boyları 1.80-1.85 sınırında olan ya da bu sınırdan fazla olan herkesi uzun olarak kabul edecektik. Bunun aksine; "uzun" boylu kişiler belirsiz kümesi herkesi içerir.Ancak her kişi "uzun" boylu kişiler belirsiz kümesine 0-1 aralığında farklı derecede bir üyelikle dahildir. Belirsiz kümenin en temel avantajı sonuç çıkarma kurallarının örneğin sınıflandırma kurallarının veri içeren belirsiz bilgilerle başa çıkma konusunda bir yol sunarak daha doğal bir şekilde ifade edilmesine olanak vermesidir. Veri madenciliğinde belirsiz kümeye dayanan bir çok yöntem istatistiksel model doğrulama yöntemlerinin birer uzantısıdır. Belirsiz kümeye dayanan bir çok yöntemin örneğin belirsiz k-means kümeleme yöntemi kümelemeye uygulanması özellikçe çok çekicidir. İstatistiksel kümeleme teknikleri bir nesnenin yalnızca tek bir kümeye ait olabileceği görüşündedir. Şekil 19'daki örneklerde gösterildiği gibi uygulamada çoğu zaman farklı kümeler arasında belirgin sınırlar bulunmaz. Bu gibi durumlarda; belirsiz kümeleme görüşü bir nesnenin her bir kümede üyeliğinin olmasını sağlayarak bir çok avantaj sunmaktadır.

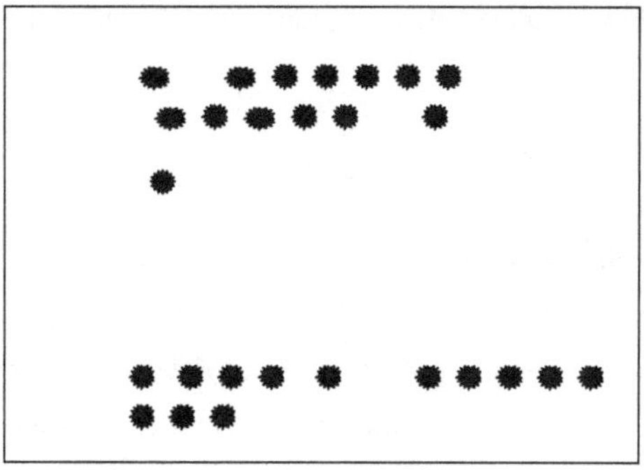

Şekil 19: Belirsiz Küme Örnekleri

Taslak kümeler kavramı ise nispeten yeni bir kavramdır. 1982 yılında Pawlak tarafından ortaya atılmıştır. Kaba küme metodolojisinin temel felsefesi şudur: Veri belirsizliğinin derecesini düşürmek veri düzenlerinin bulunmasını ve kurallar açısından tanımlanmasını çok daha kolay bir hale getirir. Ne var ki, bilgi kaybına ve farklı nesneler arasında farklılaşmaya neden olacağı için belirsizliğin derecesinin düşürülmesi riski yok değildir. Kaba kümeler teorisi, modellerin yeterli derecede ayrılmasını garanti eden bir veri belirsizlik seviyesini bulmak için taslağın kontrollü bir şekilde değişime uğramasına izin vererek bu sorunla başa çıkmak için bazı yöntemler bulur. Her ikisi de tamamlanmamış bilgiyle uğraştıkları için kaba kümeler çoğu kez belirsiz kümelerle birbirine karıştırılır. Ne var ki her ikisi de eksikliğin farklı yönleriyle ilgilenirler. Belirsiz kümelerde üzerinde durulan tamamlanmamışlık aynı sınıftaki nesnelere konusundadır. Bunun aksine; taslak kümeler farklı sınıflardaki nesneler arasındaki eksikliklerle ilgilenirler. Taslak kümeler şimdiye kadar özellikle sınıflandırma işinde kullanılmıştır. Ayrıca; belirtilen uygulamaların büyük bir kısmı küçük boyutlu sorunlarla ilgilidir. Ne var ki; taslak kümelerin popülaritesi arttıkça ve ticari yazılımlar işe yarar hale geldikçe bunun değişmesi beklenmektedir.

5.11. Sonuç

Bu bölümde istatistiksel veri analizi, model doğrulama, sinirsel ağlar ve bilgisayarlı öğrenim gibi farklı bilim dallarından önemli veri madenciliği yöntemlerine bir giriş yaptık. Farklı yöntemleri tartışırken; her yöntemin önemli yönlerini vurgulamaya çalıştık. Cevaplandırılması gereken iki soru daha kalmıştır. Bu soruların ilki veri madenciliği yönteminin performansını değerlendirirken nasıl bir yol izleneceğidir. İkinci soru ise; hangi veri madenciliği yöntemi daha iyidir ya da belirli bir veri madenciliği işinde kullanılacak yöntem nasıl seçilecektir. Bu iki sorunun yanıtları daha sonraki bölümlerde verilecektir.

6.ÇIKARILAN MODEL NE KADAR İYİ?

Önemli olan belirli bir amaç için seçilmiş veri madenciliği metodolojisine bakılmaksızın; bulunan bilgilerin kalitesinin değerini belirlemektir. Bu değerlendirmenin iki öğesi vardır; bunlar *öngörülebilir doğruluk* ve *alan tutarlılığıdır*. Öngörülebilir doğruluk, bulunan sınıflandırma ya da regresyon modelinin ileriki kayıtlarda ne kadar iyi işlediğini gösterir. Alan tutarlılığı ise; bulunan bilginin son kullanıcının elinde olabilecek diğer bilgilerle tutarlı olup olmadığını ifade eder. Alan tutarlılığına bağlı model değerlendirmesi problem odaklı olduğu için bundan sonra yalnızca öngörülebilir değerlendirme üzerinde duracağız.

Öngörülebilir doğruluğun değerlendirilmesindeki amaç doğru hata oranını bulmaktır. Doğru hata oranı, asimptotik olarak ileriki sorunların çok büyük bir kısmından elde edilecek hata oranıdır. Öngörülebilir doğruluğu değerini belirlemenin en bilindik yolu hata oranını *dene* ve *kontrol et* değerlendirme yaklaşımıdır. Bu yaklaşımda bütün bir veri grubu rasgele iki gruba ayrılır. Bir gruba deneme grubu diğer gruba da kontrol grubu adı verilir. Öngörülebilir modeli oluşturmak için seçilen veri madenciliği metodolojisi deneme grubuna uygulanır. Model oluşturulduktan hemen sonra ileriki kayıtların öngörülebilir performanslarının göstergesini çok iyi bir şekilde sunan kontrol örneği hata oranını belirlemek için modelin deneme grubu üzerindeki performansı değerlendirilir. Kontrol grubu deneme grubundan bağımsız olarak seçilen 5000 kontrol örneğinden oluşunca; kontrol örneği hata oranı doğru hata oranıyla fiilen aynı olarak kabul edilir. Daha küçük boyutlardaki kontrol grupları için kontrol örneği hata oranı doğru hata oranın çok az daha iyimser bir değerlendirmesi olarak düşünülür. Bu nedenle mümkün olduğunca geniş bir kontrol grubu oluşturmak daha iyi bir uygulamadır. Toplam veri grubunun boyutunun küçük olması nedeniyle bunun mümkün olmadığı durumlarda; öngörülebilir doğruluğu elde etmek için veri madenciliğinde görülme olasılığı pek olmayan "*cross validation*" ve "*boot strapping*" gibi çeşitli tekrardan örneklendirme teknikleri kullanılır.

7.EN İYİ VERİ MADENCİLİĞİ METODOLOJİSİ HANGİSİ?

Veri madenciliğine ilişkin bir çok metodoloji anlattıktan sonra; doğal olarak şimdi sormamız gereken soru "En iyi veri madenciliği metodolojisi hangisi?" sorusudur. Bu cevaplandırılması güç bir sorudur. Söyleyebileceğimiz tek şey evrensel olarak kabul edilen en iyi metodoloji diye bir şey olmadığıdır. Her bir uygulamanın kendine özgü özellikleri vardır; bir uygulamada kullanılacak en iyi metodolojinin ne olduğuna karar vermek için bu özelliklerin dikkatli bir şekilde gözden geçirilmesi ve başka metodolojilerle karşılaştırılması gerekmektedir. Ancak farklı metodolojilere ilişkin birkaç genel görüş bildirebiliriz. Kişi aynı zamanda başka araştırmacıların üzerinde çalıştığı farklı yöntemlerin tipik veri grupları üzerindeki performanslarına da bakmalıdır. Kişi son olarak belirli bir veri madenciliği işi için işe yarayan faktörleri göz önüne alarak farklı yöntemleri değerlendirebilir.

7.1. İstatistiksel Yöntemler

İstatistiksel yöntemlerin önemi bu yöntemlerin gelişmiş bir alandan geliyor olmasında yatmaktadır. Bu yöntemler en ince ayrıntılarına kadar araştırılmıştır ve çok gelişmiş kuramsal temelleri bulunmaktadır. Sonuç olarak bu yöntemler kullanılarak bulunan bilgilerin başkaları tarafından kabul edilme olasılığı daha fazladır. Ancak istatistiksel yöntemlerin zayıf noktası da veriyle ilgili bir çok tahmin gerektirmeleridir. Ayrıca bu yöntemler son kullanıcının sonuçları doğru bir şekilde yorumlaması için kullanıcının iyi bir istatistiksel bilgiye sahip olmasını da gerektirir. İstatistiksel yöntemlerin bir diğer zayıf noktası ise; çok büyük miktarlardaki sayısal olmayan verilerde iyi derecelendirme yapmamalarıdır.

7.2. Örnek Tanıma Yöntemleri

İstatistiksel örnek tanıma yöntemlerinin büyük bir kısmının zayıf ve güçlü yanları istatistiksel yöntemlerinkiyle aynıdır. Ancak k-NN kuralı için durum tamamıyla farklıdır. Bu tam bir veri kaynaklı yöntemdir ve veri hakkında hiçbir tahmin gerektirmez. Bunun karar mekanizması modeli de sezgisel olarak anlaşılırdır. Bu yöntemin zayıf noktası öngörülebilir kapasitesidir; diğer yöntemlerle başa baş bir doğruluk sergilemez. Ne var ki; k-NN kuralının bu zayıf yönleri öğrenmenin hiç zaman almamasıyla eşitlenmektedir.

7.3. Nöral Ağ Modelleri

Nöral ağ ve bilgisayarlı öğrenim teknikleri nispeten yeni yöntemlerdir. Bir çok durumda; bu teknikler teorik olarak çok iyi araştırılmamıştır. Ancak; nöral ağların ve bilgisayarlı öğrenim tekniklerinin en kuvvetli yanları; bu tekniklerin veriler hakkında nispeten daha az tahmin gerektirmesi; yani veri merkezli olmalarıdır. Nöral ağ yöntemleri başlıca iki nedenden ötürü eleştirilmektedir. Bu nedenlerden ilki, sonuçları tekrarlamanın zor olmasıdır. İkinci neden ise, eğitilmiş sinirsel ağın tutumunun yorumlanmasına ilişkin endişedir. Sonuçları tekrar etme konusunda oluşan endişenin nedeni sinirsel ağ eğitiminin algoritmik yapısıdır. Bu algoritmik işlemin rasgele başlangıç ağırlıkları ve öğretilen örneklerin sunum sıraları gibi bir çok unsurunun bir ağın öğretilişinin her seferinde zorunlu olarak kopyalanmamış olması nedeniyle bir ağın performansını tekrarlamak genellikle güçtür. Nöral ağ hakkındaki yorum endişeleri nöral ağların *kara kutu* imajıyla bağdaşmaktadır. Nöral ağ hareketleri hakkındaki açıklamalar ağırlıklarında saklandığı için; bunlar kullanıcı için kolay anlaşılır değildir. Bu da nöral ağların kara kutu gibi görünmesine sebep olmuştur. Bu görüş daha sonra uygulama için uygun nöral ağ modeli bulmanın uygun ağ boyutunu, öğrenme oranını ve sona erme kriterlerini tekrar tekrar tanımlamayı kapsadığı gerçeğiyle de birleşmiştir. Yeni bir kullanıcı çoğunlukla bu tekrarlayan süreçten şaşkına döner. Bu nedenle nöral bir ağın kabul edilmesi genellikle elde edilmesi zor bir şeydir. Ne var ki; nöral ağların kara kutu imajı araştırmacılar nöral bir ağ tarafından yakalanan bilgileri açığa çıkartmanın yollarını buldukça yavaş yavaş değişecektir.

7.4. Ağaçlara Dayanan Yöntemler

Diğer yöntemlerle karşılaştırıldığında; karar ağacı yöntemi en fazla avantajı sağlayan yöntem gibi görünmektedir. Bu avantajlar arasında rekabete dayanan öngörülebilir doğruluk, veriler hakkında minimum tahminler, daha iyi hesaplanabilir yeterlik ve sağlam derecelendirme bulunmaktadır. Ayrıca ağaçlara dayanan yöntemler bütün değişkenlerle başa çıkabilmektedir. Bu nedenle de; bu metodoloji veri madenciliğinde çok popülerdir. Karar ağacı metodolojisi aynı zamanda anlaşılması ve kullanılışı oldukça kolay bir model oluşturmaktadır. Olumsuz yanı ise şudur: Karar ağaçlarının performansları çoğunlukla tatmin edici değildir bunun nedeni de verilerin ayrılmasında yalnızca bir tek özelliğin bölümlere ayrılmasıdır. Karar ağacı yöntemlerine yöneltilen diğer bir eleştiri de doyumsuz ağaç büyültme metodolojileridir; bunlar çoğu zaman daha iyi modellerin keşfedilmelerini engellemektedir. Tablo 1'deki veri grubundan elde edilen iki karar ağacını gösteren Şekil 20'de karar ağacı yöntemlerine ilişkin bu eksikliklere bir örnek verilmiştir. Veri üç çift bağımsız değişken x_1, x_2, x_3 ve bir bağımlı değişken *f*'den oluşmaktadır. Sol tarafta görmüş olduğunuz ağaç mevcut karar ağacı yöntemlerinden biriyle, sağ tarafta görmüş olduğunuz ağaç ise problemin boyutları nedeniyle bu durumda kolay olan global bir aramayla elde edilmiştir. Sağ taraftaki ağacın gizli ilişkileri çok daha iyi yakaladığı görülmektedir. Burada şunu belirtmeliyiz ki, yukarıda bahsedilen karar ağacı metodolojilerinin eksikliklerine çözüm getirmek için bilgisayarlı öğrenme ile nöral öğrenmeyi bir araya getiren yeni pek çok karar ağacı oluşturma yöntemleri geliştirilmektedir. Bu yöntemlerin ticari yazılım paketlerindeki geçerliklerinin ağaç metodolojisinin veri madenciliğinde daha fazla kullanılmasını sağlaması beklenmektedir.

X_1	X_2	X_3	f
0	0	0	0
0	0	1	1
0	1	0	0
0	1	1	0
1	0	0	0
1	0	1	1
1	1	0	1
1	1	1	1

Tablo 1: Açıklayıcı bir Veri Grubu

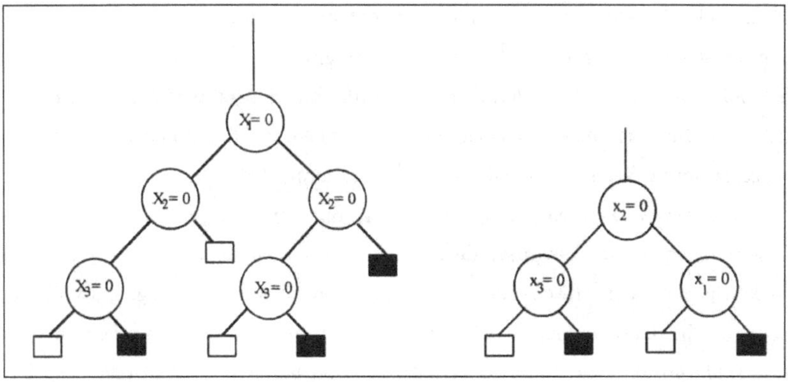

Şekil 20: Tablo 1'deki veriler için çizilmiş iki karar ağacı

7.5. *Benchmark* Veri Gruplarını kullanıldığı Performans Karşılaştırması

"En iyi yöntem hangisi?"sorusuna yanıt aramaya devam ederken şimdi bazı *benchmark* veri gruplarındaki örnek yöntemlerin bazılarının performanslarına bakalım. Bunu farklı büyüklüklerdeki farklı özelliklere sahip yedi veri grubunu kullanarak gerçekleştireceğiz. Bu veri grupları şunlardır: 1) İris Verileri, 2) Apandisit Verileri, 3) Tiroid Verileri, 4) Kanser Verileri, 5) Sonar Verileri, 6) Cam Verileri ve 7) Nokta Matris Verileri. Bu veri gruplarını hepsi alenen mevcuttur ve farklı yöntemler kullanılarak oluşturulmuştur. İris veri grubu dört devamlı bağımsız değişken üzerinde yapılan 150 ölçümden oluşmaktadır. Bu 150 ölçüm, sınıf başına 50 obje olmak üzere üç sınıf objeyle gerçekleştirilmiştir. Apandisit verileri apandisitleri olduğundan şüphelenilen 106 hasta üzerinde gerçekleştirilen yedi teşhis testinden oluşmaktadır. Tiroid verileri vaka başına 22 ölçüm olmak üzere toplam 6000'den fazla vakadan oluşmaktadır. Burada üç sınıf hasta vardır. Kanser verilerinde 286 kayıt bulunmaktadır, kayıt başına dokuz test düşmektedir ve iki sınıftan oluşmaktadır. Sonar verilerinde iki farklı çeşit objelerden alınan 208 sonar raporu bulunmaktadır. Her bir rapor 60 ölçüme göre açıklamıştır. Cam verileri, altı farklı çeşit camdan gelen bilgilerin birleşiminden oluşmaktadır. Her bir obje dokuz ölçüme göre tanımlanmıştır. Nokta matris verileri 10 farklı çeşit obje için 2000 kayıttan oluşmaktadır. Her nesne 35 çift ölçümden oluşan bir grupla anlatılmıştır. Öyleyse; bu yedi veri grubunun hep birlikte çok çeşitli karmaşık sınıflandırma işlerini sergilediklerini görülüyor.

Farklı metodolojilerin örnekleri olarak, veri madenciliğinin en popüler dört yöntemini kullanıldı. Bunlardan ilki veri analiz metodolojilerini temsil eden doğrusal diskriminant analizidir (LDA). İstatistiksel örnek tanıma metodolojisi k'nin 1'e eş olduğu k-NN kuralıyla temsil edilmektedir. Üçüncü yöntem nöral ağ yöntemlerinden *backpropagation ağı* (BPN) dır. Son olarak da karar ağacı sınıflandırıcıları ile bilgisayarlı öğrenim metodolojileri temsil edilmektedir. Bu farklı yöntemlerin seçilen veriler üzerindeki performansı Tablo 2'de gösterilmiştir. Bu performans sonuçları bildirilen araştırma literatüründen alınmıştır. Her vakkadaki performans kontrol örneği hata oranını göstermektedir.

Tablo 2'deki sonuçlarda gördüğünüz gibi hiçbir yöntem diğer yöntemlerden sürekli olarak üstün kalamamıştır. Doğrusal diskriminant analizi en fazla iris ve apandisit veri gruplarında işe yaramıştır. Karar ağacı yöntemi; tiroid ve kanser veri gruplarında en iyi sonuçlar vermiştir. *Backpropogation* yöntemi en iyi performansı sonar, cam ve nokta matris veri gruplarında göstermiştir. Tablo 2'ye bakarak daha başka iki yorum daha yapabiliriz. Öncelikle; k-NN kuralı hiçbir zaman diğer yöntemlere üstünlük sağlayamamıştır ve ikinci olarak da karar ağacı sınıflandırıcıları bazı durumlarda çok düşük bir performans sergilemişlerdir. Karar ağacı sınıflandırıcılarının bu hareketleri daha önce belirtmiş olduğumuz tek özellik bölünmelerinin çoğu zaman verimsiz bir öngörülebilir performansa yol açtıkları görüşüyle aynı doğrultudadır. K-NN kuralının diğer yöntemlere üstünlük sağlayamamış olması da k-NN sınıflandırmasının teorik özellikleriyle aynı doğrultudadır. Buna rağmen; kullanımı kullanıcının çok az bir tasarım çabası göstermesini gerektirdiği için popüler bir yöntemdir.

	LDA	**1-NN**	**BPN**	**DT**
Iris	0.020	0.040	0.033	0.047
Apandist	0.132	0.179	0.142	0.151
Troid	0.0615	0.0473	0.0146	0.0064
Kanser	0.294	0.347	0.285	0.229
Sonar	0.185	0.174	0.107	0.248
Cam	-	0.191	0.079	0.173
Nokta Matris	-	0.030	0.024	0.214

Tablo 2: Farklı Yöntemlerin Performansı

7.6. Diğer Karşılaştırma Faktörleri

"En iyi yöntem hangisi?" sorusunu yanıtlamanın diğer bir yolu da farklı yöntemleri öngörülebilir doğruluktan başka birkaç faktöre göre sınıflandırmaktır. Tablo 3'te böyle bir sınıflandırma gösterilmiştir. Bu sınıflandırma bir çok faktöre dayanmaktadır. İlk iki faktör veri madenciliği girişinin yapısına değinen *derecelendirilebilirlik* ve *boyutluluktur.* Derecelendirilebilirlik bir yöntemin çok sayıda kayıtla başa çıkmada ne kadar iyi olduğunu göstermektedir. Boyutluluk ise bir yöntemin büyük boyutlardaki kayıtlarla, örneğin çok sayıda değişkenle başa çıkma yeterliğine işaret etmektedir. Veri madenciliğinin temel hedefi karar desteği için değerli bilgiler bulmak olduğundan veri madenciliği tarafından ortaya çıkarılan bilgilerin kullanıcı için anlaşılır olması önemlidir. *Model anlaşılma faktörü* veri madenciliğinin bu yönünü açıklamaktadır. Diğer iki faktör; *CPU yüklemesi* ve *hafıza yüklemesi,* yöntemin öğrenme ve buluş yöntemlerindeki hesaplamalarla ilgili yönlerini yansıtır. Kalan iki faktör de aynı şeyleri yansıtır ama onlar veri madenciliği sonuçlarının uygulandığı öngörülebilir yöntem ya da gerçek uygulama yöntemi esnasında bunları yansıtırlar.

Tablo 3'te görüldüğü gibi; farklı faktörler açısından karar ağacı metodolojisi en iyi dizilmeyi göstermektedir. Daha sonra doğrusal diskriminant analizi gelmekte, onu da nöral ağ yaklaşımından *backpropogation* yöntemi takip etmektedir. k-NN kuralı yedi faktörün hepsinde iyi ya da kötü hep uç sıralarda bulunmuştur.

	LDA	k-NN	BPN	DT
Derecelendirebilirlik	Ortalama	Kötü	Ortalama	İyi
Boyutluluk	Ortalama	Kötü	Ortalama	İyi
Modeli Anlama	Ortalama	İyi	Kötü	İyi
CPU Yüklemesi (LM)	Ortalama	İyi	Kötü	Ortalama
Hafıza Yüklemesi(LM)	Ortalama	İyi	Ortalama	Ortalama
CPU Yüklemesi (PM)	İyi	Kötü	Ortalama	İyi
Hafıza Yüklemesi(PM)	İyi	Kötü	İyi	İyi

Tablo 3: Farklı Yöntemlerin Dizilişi

7.7. Veri Madenciliğinin Görünmez Tehlikeleri

Veri madenciliğinin sağlayacağı faydalara ilişkin satıcılar ve danışmanlar tarafından anlatılan bir çok başarı hikayesine rağmen veri madenciliğinde bir çok görünmez tehlike de bulunmaktadır. Yanlış kullanıldığında veri madenciliği bir çok gereksiz bilgi üretebilir. Veri madenciliğinin popüler edebiyat alanında hatalı kullanımına verebileceğimiz en iyi örnek Michael Drosnin'in İncil'deki gizli mesajlar hakkındaki son kitabı "İncil'in Şifresi" (*The Bible Code*)'dir. Drosnin'e göre; Musevilerin Kutsal Kitabında küçük büyük bütün olaylara ilişkin bazı tahminler bulunmaktadır. Drosnin bunu Musevilerin kutsal kitabını bir harf sistemine göre düzenleyerek ve yukarı, aşağı, çaprazlama ve karşı karşıya olmak üzere başlıca dört yönde oluşan sözcükleri bulmak için bir bilgisayar kullanarak ispatlamıştır. Bu metodoloji veri madenciliğinin görünmez tehlikeleri için çok dikkat çekici bir örnektir. Bir MIT profesörü Andrew Lo'nun dediği gibi; "Yeterli zamanı ayırdıkça, yeterli çabayı gösterdikçe ve yeterli hayal gücüne sahipseniz verilerden hemen hemen bütün örnekler didiklenebilir. "Pasedana California'daki First Quadrant Corp.'ın İşletme Müdürü David J. Leinweber veri madenciliğindeki bu görünmez tehlikeler hakkında başka bir örnek vermektedir. Leinweber Birleşmiş Milletler veri tabanıyla çalışarak geçmişte Bangladeş'teki tereyağı üretiminin Standart & Poor's 500 Stock Index'inin en iyi göstergesi olduğunu görmüştü. Bu örnek başka bir absürd korelasyonla benzerlik göstermektedir; o da Süper Bowl zamanlarında NFC takımının alacağı bir galibiyetin hisse senetlerinde artışa neden olacağı söylentisidir.

Business Week'in ikinci ekonomi editörü Peter Coy veri madenciliğinde görünmeyen dört tehlikeye karşı uyarıda bulunmaktadır. Coy'a göre ilk görünmez tehlike kuramsal olarak bazı tuhaflıkların şansı varmış gibi gözükse bile, verilerde bulunan bir tuhaflık hakkında bir teori oturtmaya çalışma girişiminde bulunmaktır. İkinci görünmez tehlike ise şudur; bilgisayarın yeteri kadar uzun bir süre değişik şekilde çalışmasını sağladıktan sonra bütün önyargılarınızı destekleyecek kanıtlara ulaşmanız mümkündür. Coy görünmez tehlikelerden üçüncüsünü "Hikaye anlatma" olarak isimlendirmektedir ve şöyle demektedir: "Eğer onunla ilgili mantıklı bir teori bulunuyorsa bulgular daha çok anlam ifade etmektedir. Ancak aldatıcı bir hikaye verilerdeki zayıflığı saklayabilir." Coy'un uyarıda bulunduğu dördüncü görünmez tehlike ise çok fazla değişken kullanmayla ilgilidir. Coy'a göre; "Bilgisayar ne kadar çok etmeni dikkate alırsa, programın geçerli ya da geçersiz ilişki bulma olasılığı çok daha fazladır."

7.8. Yeni Kullanıcılara Tavsiyeler

Veri madenciliğinin çok fazla planlama ve hazırlık gerektirdiğinin farkına varmak çok önemlidir. Yalnızca elinizde çok fazla miktarda veri bulunması veri madenciliği projesinin başarıya ulaşmasını garanti edemez. Deneyimli kullanıcılar ile danışmanlar aşağıda gördüğünüz kuralların veri madenciliği projesinin başarıya ulaşması için son derece önemli olduğu konusunda görüş birliğine varmışlardır.

- Şirket ihtiyaçlarının teknik bir sorunun curcunasından çok daha önemli olduğunu hiçbir zaman unutmayın. Belirli bir şirket sorunu üzerinde yoğunlaşın ve şirket sorununa ilişkin açık, belirsiz olmayan bilgiler toplayın ve sonuçları değerlendirecek olan son kullanıcılar ve mevcut veri kaynakları üzerinde yoğunlaşın. En önemlisi de; şirket ihtiyaçları açık bir şekilde belirtilmeli ve yatırıma ilişkin dönütler ayrılmalıdır.
- "Veri hazırlığı mı, aptalca" ikinci kuraldır. Hemen hemen herkes hatta yalnızca bir kere veri madenciliği yapmış bir kişi bile verileri hazırlamanın veri madenciliği işleminin %8'inini oluşturduğu konusunda hemfikirdir. Yalnızca verilerinize ekleme yapıp veri madenciliği

aracının sizi mükafatlandırmasını beklemeyin; eğer mükafatlandırılmak istiyorsanız dikkatli bir hazırlık yapın.

- Tek bir metodolojiye bağlı kalmayın. Bir çok metodolojinin birleşimini kullanın. Uygulamak için nihai kararınızı vermeden önce aynı sorun için birden fazla metodolojiyi deneyin. Bu çok önemlidir çünkü belirli bir konuda hangi metodolojinin işe yarayacağını önceden belirlemek mümkün değildir.
- Son kullanıcıların bilgi sahibi olmasını ve konunun içinde olmasını sağlayın. Son kullanıcılar veri madenciliğinin sonuçlarını kabul etme ve ona göre hareket etme konusunda hazırlıklı olmalılardır. Bu olay son kullanıcılar veri madenciliği halkasının bir parçası olduklarında daha da kolaylaşmaktadır.

Yukarıda belirtilen kurallara ek olarak,veri madenciliğiyle ilgileneceklere son tavsiye ise veri madenciliğinin tekrarlayıcı ve interaktif bir işlem olduğunu unutmamalarıdır. Oracle'ın en kıdemli Ürün Müdürü Jagadish Mirani şöyle demektedir: "İşiniz için anlamlı ve konu edilebilir bir veriye rastlayana kadar çok sayıda değersiz data oluşumuna hazırlıklı olun. Veri madenciliği analitik ve sistematik bir çerçeve içinde kurumlaştırılmalıdır. Bunu yapın, böylece veri madenciliği mümkün olduğunu hiç aklımızdan geçirmediğiniz yollarla işinizde size fayda sağlayacaktır."

7.9. Sonuç

Bu bölümde farklı veri madenciliği yöntemlerinin birbirlerine göre güçlü ve zayıf yanları üzerinde duruldu. Hiçbir yöntemin diğer yöntemlerden devamlı olarak üstün olmadığını göstermek için yedi *benchmark* veri grubu üzerinde dört örneğin yapılmış öngörülebilir doğrulukları da sunuldu. Öngörülebilir doğruluğa ek olarak farklı yöntemleri değerlendirmek için kullanabileceğimiz yedi faktörlük bir grup da sunuldu. Bu bölümde sunulan bilgilerin kullanıcılara ellerindeki veri madenciliği işinde kullanacakları en uygun yöntemi seçmede yardımcı olacağını umulmaktadır.

8. EKLER

8.1. A EKİ: TİCARİ VERİ MADENCİLİĞİ ARAÇLARI

Günümüzde mevcut ticari, standart veri madenciliği araçlarını anlatılacak bu bölümde amacımız kullanıcıların piyasada ne tür ürünlerin bulunduğu ve bunların özellikleri hakkında daha geniş bir bilgiye sahip olmasına yardımcı olmaktır. Potansiyel kullanıcıların belirli bir veri madenciliği ortamında ve yine belirli bir uygulama için uygun gördükleri ürüne kendilerinin karar vermeleri gerekmektedir. Bu bölüm kullanıcıların ilk başta daha fazla bilgi almak için başvurabilecekleri bir başlangıç noktası niteliği taşımaktadır. Piyasa sürekli olarak yeni ürünler çıkmaya devam etmektedir bu nedenle de bu liste geniş kapsamlı sayılamaz.

Genellikle iki çeşit ürün vardır, bunlar *tek stratejili ürünler* ve *çok stratejili ürünler*dir. Tek stratejili bir araç veri madenciliği konusunda yalnızca tek bir yaklaşım sunar; örneğin sınıflandırma ya da regresyon veya diğer yaklaşımlardan her hangi biri. Bu tür araçlar genellikle tek bir metodolojiye dayanmaktadır; örneğin veri madenciliğinde ağaç sınıflandırması gibi. Tahmin edeceğiniz gibi tek stratejili araçlar nispeten ucuzdur. Tek stratejili araçların aksine çok stratejili araçlar bir ya da daha fazla veri madenciliği metodolojisinden faydalanır ve her çeşit veri madenciliği yaklaşımını destekler. Çok stratejili araçların fiyatları daha küçük olan ve destekli olmayan versiyonları için birkaç bin dolardan hatta daha aşağısından başlarken uzaktan kontrol edilebilenlerin fiyatları on binlerce dolara ulaşmaktadır. Bir çok satıcı veri depolama ve OLAP'ı kapsayan entegre ürün çeşitleri sunarlar. Bu tür ürünlerin maliyetleri yüzbin dolarlara varabilir. Ürünlerin büyük bir kısmı depolama ve hesaplama uğraşılarını minimuma indirmek için örneklemeden faydalanırlar. Örnekleme veri madenciliği için bütün veri kayıtlarını kullanmaz yalnızca gelişigüzel seçilmiş bir grup veri kullanılır.

8.1.1. Veri Madenciliği Ürünlerinin Listelenmesi

Veri madenciliği ürünlerinin bir listesi Tablo A1'de verilmiştir. Yalnızca genel amaçlı veri madenciliği ürünleri listeye dahil edilmiştir. Bir çok satıcı bazı özel uygulamalar için üretilmiş özel amaçlı ürünler de satmaktadır. Bir çok satıcın ürünlerinin yanında teknik servis imkanı da sunmakta, veri madenciliğini tamamen müşteri isteğine göre düzenlemektedir. Sizlere her ürünün kullanılışını, kullanıldığı alanları, kullandığı veri madenciliği metodolojilerini ve yerine getirdiği veri madenciliği işlerini ayrıntılarıyla belirlendi. Ayrıca her ürünün kısa bir tanıtımını da yapmış bulunuyoruz. Ürünler hakkında daha fazla bilgi edinmek için her ürünün tanıtımının sonunda verilen internet sitesi adresine başvurabilirsiniz. Bir çok ürün tanıtımında ürünlerin veri madenciliğinde yükle ve çık tarzında çalıştıklarını ima etse de; geniş kapsamlı verilerden işe yarayacak gizli kalmış bilgileri çıkarmanın karmaşık bir iş olduğunu unutmamak gerekir. Veri madenciliği uğraşısının başarısı büyük oranda kullanıcının bu iş için ne kadar hazırlıklı olduğuna bağlıdır.

Agentbase / Marketeer

Agentbase / Marketeer yaratıcılarına göre endüstrinin ilk ikinci üretim veri madenciliği ürünüdür. *Intelligent agents* teknolojisinin ortaya çıkışına dayanmaktadır. Sistem bir grup sihirbazın kullanıcıya veri madenciliğinin farklı aşamalarında yol göstermelerinden oluşur. Bu sistemin kullanımını daha da kolaylaştırmaktadır. Agentbase/ markeeting öncelikle pazarlama uygulamaları için üretilmiştir. Sonuçları *intelligent agents*lar tarafından birleştirilen bir çok veri madenciliği metodolojisini kullanmaktadır. Solaris ,Windows, Windows NT işletim sistemlerinde çalışmaktadır. Belli başlı veri kaynaklarının hepsinden veri alabilir. (www.dazsi.com)

BusinessMiner

BusinessMiner karar ağaçlarına dayanan tek stratejili kullanımı kolay bir araçtır. Aralarında Oracle, Sybase, Informıx, Microsoft SQL Server, CA-Ingres, Teradata ve Redbrick'in de bulunduğu bir çok kaynaktan veri alabilir. BusinessMiner bütün Windows programlarıyla çalışır. Tek başın kullanılabildiği gibi aynı satıcıdan temin edebileceğiniz OLAP araçlarıyla birlikte de kullanılabilir. (www.busobj.com)

Clementine

Clementine kapsamlı bir araç kitidir. Veri madenciliği için nöral ağları ve kural giriş metodolojilerini kullanır. Oracle, Ingres, Sybase ve Informix'den veri alabilir. Araç kiti veri manipülasyonu ve sınırlı derecede görüntüleme kapasitesi içermektedir. Windows 95, Windows NT ve UNIX programlarıyla çalışmaktadır. (www.isl.co.uk/clem.html)

Darwin

Darwin çok çeşitli veri madenciliği yaklaşımlarını sunmak için nöral ağları, sınıflandırma ve regresyon ağaçlarını, en yakın komşu kuralını ve genetik algoritimleri kullanan entegre, çok stratejili bir araçtır. Bu teknikler, ölçülebilir paralel hesaplama uygulamalı açık bir alıcı/ server yapısı içinde uygulanmaktadır. Darwin belli başlı bütün veri tabanlarını da kapsayan birbirine bağlı çok çeşitli veri kaynaklarından veri alabilir ve verileri veri madenciliği için hazırlamada gerekli olan bir çok veri manipulasyonu ve değişimi işleri için destek sağlar. Ayrıca sonuçları yorumlaması içinde bir araç sunmaktadır. Darwin tekli, çoklu CPU, UNIX serverlarıyla çalışır. Kullanıcılar Darwin'e ulaşmak, modelleri çalıştırmak ve sonuçlarını görmek için bir masaüstü alıcısı (UNIX ya da bir Windows programı) kullanabilirler. (www.think.com)

Data Mining Suite

Data Mining Suite kapsamlı ve entegre bir veri madenciliği aradır. Temel araçlar sınıflandırma kurallarını bulamak için IDIS (Bilgi Bulma Sistemi), öngörüler ve tahminler için IDIS-PM (Öngörülebilir Modeller) ve coğrafi örnekleri bulmak için IDIS-planı şeklindedir. Data Mining Suite'inin üç aşamalı bir alıcı/ server yapısı bulunmaktadır. Belli başlı bütün platformlarda çalışır. Oracle, Sybase, Informix vb. bir çok veri tabanında çalışır. (www.datamining.com)

Data Surveyor

Data Surveyor tek stratejili bir (sınıflandırma) aracıdır. İki parçadan oluşur; bir ön uç ve bir arka uç. Ön uç ağaç metodoloji yoluyla gerçekleştirilen veri madenciliğinden sorumludur. Arka uçta hızlı, paralel bir veri tabanı serverı bulunur. Serverdaki veriler kullanıcının veri tabanlarından yüklenir. Arka uç paralel UNIX serverlarıyla çalışmaktadır. Ön uç UNIX ve Windows platformlarıyla çalışır. (www.cwi.nl/~marcel/ds.html)

DataBase Mining Marksman

Marsman tek metodoloji aracıdır; nöral ağlara dayanmaktadır. Çok sayıda faydalı veri manipulasyon özelliği sunmaktadır. Marksman PC'lerde Windows ortamında çalışır. Tasarımı doğrudan pazarlama işlerindeki veri tabanı analiz ihtiyaçlarını karşılamak için en uygun hale getirilmiştir. Piyasada donanımı (standart bir PC ve yanında 16 paralel işlemciden oluşan bir hızlandırıcı) ve yazılımı bir arada olmak üzere bulabilirsiniz. (www.hnc.com)

DataMind

DataMind'ın yapısı iki unsurdan oluşur; Veri Madenciliğinin server kısmı için Data Mind Data Cruncher ve alıcıyı tanımlamak ve sonuçları görmek için DataMind Profesional. DataMind tarafından kullanılan veri madenciliği metodolojisi intelligent agentlara dayanmaktadır. Veri madenciliği için sınıflandırma, kümeleme ve birleştirme yaklaşımını uygulayabilir. DataMind Profesional, Windows 95, Windows 3.2, Intel NT 3.5.1 ve Intel NT 4.0la çalışmaktadır. DataMind Cruncher ise NT 3.5.1, Intel NT 4.0, HP-UX 10.xi Sun Solaris 2.5.x, SGI IRIX 6.2 ve IBM AIX 3.2.5'le çalışır. Verileri lokal olarak ya da uzak bir serverdan almak için kurulabilir. Veriler belli başlı bağlantılı veri tabanlarının hepsinden gelebilir. (www.datamind.com)

Datasage

Datasage, bünyesinde veri madenciliği için hızlı, esnek ve ölçülebilir bir sistem sunan veri madenciliği serverlarını birleştiren kapsamlı bir veri madenciliği ürünüdür. Kullanıcı Datasage'e ya bir Windows alıcısı ya da Java'yla çalışan browser alıcı kullanan zayıf bir alıcı olarak çalışan bir arabirim yoluyla erişim sağlar. Datasage'de kullanılan veri madenciliği yaklaşımı tescillidir. (www.cirrusrec.com)

Decision Series

Decision Series bilgi istihkam hizmetleri ile bir arada görülen çok stratejili bir araçtır. Veri madenciliğini gerçekleştirmek için nöral ağları, kümelemeyi ve genetik algoritimleri kullanır. Hızlı bir şekilde çözüme ulaşmak için ölçülebilir, paralel platformlarda çalıştırılabilir. HP, SUN ve DEC'in standart endüstriyel platformlarında ve Oraclei Informix ve Sybase desteklerinde çalışır. (www.neovista.com)

Discovery

Discovery çok stratejili bir veri madenciliği aracıdır. SQL server ile Windows NT'de çalışır. OLAP ortamı sunan Pilot Decision Support Suite'in entegre sisteminin bir parçasıdır. (www.pilotsw.com)

Intelligent Miner

Intelligent Miner entegre ve kapsamlı bir veri madenciliği aracıdır. Karar ağaçlarını, nöral ağları ve kümelemeyi kullanır. Algoritimlerinin bir çoğu derecelendirilebilirlik için paralelleştirilmiştir. Kullanıcı ister GUI isterse de API kullanarak model oluşturabilir. Intelligent Miner'ın zayıf noktası DB2'yle olan sıkı bağlılığıdır, DB2'nin de mutlaka kurulması gereklidir. (www.software.ibm.com)

KATE Tools

KATE dört araçtan oluşan tek stratejili bir araçtır. Bu dört araç KATE Editör, KATE-CBR, KATE-Datamining ve KATE-Runtimedır. KATE günümüzde Windows 95 ve

Windows NT'de çalışmaktadır ve UNIX platformuna girmektedir. KATE bir çok veri tabanına açıktır ve SAP R/3 hizmet işletmeciliğiyle entegredir. (www.acknosoft.com)

Knowledge Discovery Workbench

Knowledge Discovery Workbench, UK'nin ISL'sinden ve NCR;'den bir veri serverından Clementine veri madenciliği aracına dayanmaktadır. Bu nedenle kapsamlı bir araç grubu sunmaktadır. Konowledge Discovery Workbench'i NCR'dan gelen teknik hizmetlerle bir arada gelir. (www.ncr.com)

Knowledge Seeker

Knowledge Seeker veri madenciliğinde ağaca bağlı metodolojilere dayanan tek stratejili bir masaüstü ya da alıcı/ server aracıdır. Model oluşturmak ve seçilen bir ağaç dalını bölerek ya da ilgi uyandıran belirli bir bölmeyi zorlayarak kullanıcının verileri araştırmasını sağlamak için güzel bir GUI sunar. Kullanıcıların bulunan verileri metin olarak ya da SQL veya Prolog dilleri olarak dışarıya satmalarını sağlar. Windows ve UNIX platformlarında çalışır ve farklı bir çok kaynaktan veri kabul edebilir. NCR'den veri madenciliği çözümün entegre bir parçası olarak da bulunabilir. (www.angoss.com)

PolyAnalyst

PolyAnalyst veri madenciliğinde kullanılan kapsamlı bir araçtır. Özellikleri arasında yoğun veri manipulasyonu ve dönüşüm kapasitesi, çeşitli veri madenciliği yaklaşımları,Karar ağaçları ,Lineer Regresyon ve ilgili veri analizlerini yürütebilmek için güçlü görüntüleme kapasitesi yer almaktadır. (www.megaputer.com)

NETMAP

NETMAP genel amaçlı bir bilgi görüntüleme aracıdır. Yaratıcılarına göre; NETMAP geniş, kalitatif metine dayanan veri gruplarında çok etkili olduğunu göstermiştir. UNIX workstationlarında çalışmaktadır. (www.altha-oh.com)

OMEGA

OMEGA genetik programlama yaklaşımını kullanarak öngörülebilir modeller geliştiren, bunları değerlendiren ve uygulayan bir sistemdir. Veri madenciliğindeki sınıflandırma ve görüntüleme yaklaşımları için uygundur. Windows 95 ve Windows NT platformlarında çalışır. (www.capgemini.com)

Partek

Partek çok stratejili bir veri madenciliği ürünüdür. İstatistiksel teknikleri nöral ağlar, belirsiz mantık, genetik algoritimler ve veri görüntülemeyi de kapsayan bir çok metodolojiye dayanmaktadır. UNIX platformlarında çalışmaktadır. (www.partek.com)

Pattern Recognition Workbench (PRW)

PRW kapsamlı çok stratejili bir araçtır. Nöral ağlar, istatistisel örnek tanıma ve bilgisayarlı öğrenme metodolojilerini kullanmaktadır. Windows 95 ve Windows NT platformlarında çalışmaktadır. PRW tablolama tarzı GUI kullanmaktadır. Veriler bir ya da daha fazla tabloya getirilmelidir, bundan sonra veriler ürünün yoğun fonksiyonları ile veri madenciliğine hazırlanmalıdır. PRW otomatik olarak alternatif modeller üretir ve en iyi çözümü arar. Ayrıca model oluşturmayı izlemek ve sonuçları yorumlamak için çok çeşitli görüntüleme araçları da sunar. Model bir spreadsheet fonksiyonu, dinamik bir link kütüphanesi ya da bir C kodu olarak uygulanabilir. (www.ultranet.com/~unica)

SAS

SAS Kuruluşu veri madenciliği için en kapsamlı entegre araç setlerinden birini sunmaktadır. SAS Veri Madenciliği Çözümü, araçları bütün veri madenciliği aşamaları için hazırlayan entegre bir yazılım ürünüdür. Çok çeşitli veri manipulasyon ve dönüşüm özellikleri sunar. İstatistiksel yöntemlere ek olarak, SAS Veri Madenciliği Çözümü nöral ağlar ve karar ağaçlarıyla da çalışır. SAS Windows 95, Windows NT ve UNIX platformlarında çalışmaktadır. (www.sas.com)

Scenario

Scenerio veri madenciliğinde ağaca bağlı yaklaşımı kullanan tek stratejili bir araçtır. Windows 95'le çalışır. Scenerio da kullanıcıyı değişik işlemler için yönlendirmek amacıyla bir sihirbaz bulunmaktadır ve scenerio'nın kullanımı da oldukça basittir. Scenerio bir veri sorgu aracı olan Impromptu aracılığıyla çok çeşitli kaynaklardan veri alabilir .(www.cognos.com)

SPSS

SAS gibi SPSS de veri madenciliğinde kullanılan en kapsamlı entegre araç setlerinden birini sunmaktadır. SPSS'de bilgi doğrulama ve buluş araçlarının bulunmasının yanı sıra SPSS'nin veri işletim ve kısaltma kapasitesi de bulunmaktadır. SPSS teknikleri takım olarak istatistiksel yöntemler, nöral ağlar ve görüntüleme yöntemlerinden oluşmaktadır. SPSS aralarında Windows, OS/2, IBM, AIX RS/ 6000 ve Sun gibi workstationlarının da olduğu bir çok platformda geçerlidir. (www.spss.com)

STATlab

STATlab, araştırmayla ilgili veri analizlerini uygulamada kullanıcıya yardımcı olmak için interaktif görüntülemeyi kullanan tek stratejili bir araçtır. Bağlantılı müşterek veri tabanlarından veri alabilir. TabLAB Windows, Macs ve UNIX platformalarında çalışmaktadır. (www.slp.fr)

Syllogic

Syllogic Veri Madenciliği Aracı bir çok veri madenciliği metodolojisini bir araya toplayan bir alet kutusudur ve gizli kalmış bilgileri ortaya çıkarmak için pek çok yaklaşım sunmaktadır. Bu alet kutusu farklı tekniklere erişim sağlayan ve verileri düzenlemeye yardımcı olan merkezi bir çalışma kağıdı çevresinde toplanmıştır. Syllogic Veri Madenciliği Araçlarının çok sayıda veri ön işlemcisi ve transformasyon özellikleri de bulunmaktadır. Syllogic Veri Madenciliği Araçları günümüzde Silicon Graphics üzerinde X/Motif'de, IBM AIX üzerinde X/Motif'de ve Windows NT'de bulunmaktadır. Oracle 7, Sybase, DB2 ve Tandem'e erişim sağlamaktadır. (www.syllogic.nl)

8.1.2. Ürün Değerlendirme Etkenleri

Birbirinden farklı çok sayıda veri madenciliği ürünü olduğu için bunlar arasında bir karşılaştırma yapmak için bir ölçüt geliştirmek ve böylece de kullanıcının makul bir seçim yapmasını sağlamak gereklidir. Seçilen ölçüt bir veri madenciliği ürününü kullanmanın bütün yönlerini göz önünde bulundurmalıdır. Veri Madenciliği Literatürü raporuna, kullanıcıların yorumlarına ve diğer yazılım ürünleri hakkındaki deneyimlere göre aşağıdaki unsurlardan oluşan bir ölçüt önerilmiştir.

- Faaliyet Alanı: Bu unsur veri madenciliği ürünün çok yönlülüğünü ölçer. İdeal bir ürün kullanıcının birden fazla model oluşturma metodolojisini kullanarak sınıflandırma, kümeleme, regresyon ...vb. veri madenciliği yaklaşımlarından herhangi birini yerine getirmesini sağlamalıdır. Ne var ki; yalnızca bir avuç ürün, veri madenciliği yaklaşımlarının tüm çeşitlerini sunar.

- Girdi: Bu etken bir ürünün farklı veri çeşitlerini destekleme ve farklı kaynaklardan veri erişimini sağlama kapasitesini ifade etmektedir. Ayrıca; üründe mevcut bulunan manipulasyon ve transformasyon gücünü de göz önünde tutar.

- Çıktı: Bu etken bulunan bilginin genel kalitesine işaret eder; buna bilginin kullanıcıya ne kadar iyi sunulduğu da dahildir. Ayrıca kullanıcı için bulunan modeli ortaya koymanın ne kadar kolay olduğu gibi etkenleri de içermektedir.

- Kullanım Kolaylığı: Bu etken şu sorulara cevap aramaktadır: "Ürünün kullanımı ne kadar kolay?", Kullanıcının bir alfabe öğrenmesi gerekiyor mu?" ve "Kullanıcı arabirimi ne kadar iyi ve ne kadar sezgisel?"

- Satıcı Desteği: Bu etken belgeleme, eğitim ve satış sonrası yardım konusunda satıcı tarafından sağlanan desteğin kalitesine işaret eder. Veri madenciliği "Değersiz datalar içeriye, değersiz datalar dışarıya" sendromuna meyilli olduğu için bu çok önemli bir etkendir.

- Yeterlik ve Derecelendirebilirlik: Bu etken ürünün "gücünü" ölçer. "Gigabyteları terabyte verilerine çıkarmak için mi tasarlanmıştır? Yalnızca küçük veri grupları için mi kullanışlıdır? Üründe özel bir donanım var mıdır ya da özel bir donanım gerektirir mi, örneğin hızını arttırmak için paralel işlemci gibi?

- Görüntüleme: Veri madenciliği interaktif bir işlem olduğu için, görüntüleme bulunan bilgilerin nihai kalitesinde çok önemli bir rol oynar. Bu etken üründeki görüntüleme özelliklerinin gücünü ölçer.

- Uygunluk: Uygunluk, OLAP ve görüntüleme araçları gibi diğer ticari araçların çıkarılmak için seçilen verilere ve veri madenciliği sonuçlarına ne kadar iyi erişim sağladığın işaret etmektedir. Bu yalnızca alınmadan önce verilerin doğru bir şekilde anlaşılmış olması için değil aynı zamanda model yorumlaması için de önemlidir.

Tercihleri ve çalışma tarzı bakımından her kullanıcı birbirinden farklı olduğu için kullanıcılara ya seçilen ürün setlerinin demo versiyonlarını denemeleri ya da ufak çaplı bazı veri madenciliği işlemleri yaparak ürün hakkında fikir edinmeleri şiddetle tavsiye edilmektedir.

8.2. B EKİ: VERİ MADENCİLİĞİ ÖRNEKLERİ

Bir çok firma günümüzde veri madenciliği teknolojisini kullanmaktadır ve veri madenciliğinin başarıya ulaştığı hikayeler arttıkça bu sayı artmaya devam edecektir. Biz burada iş hayatındaki veri madenciliği uygulamalarının gerçek hayattaki birkaç örneği üzerinde duracağız. Ayrıca; işe yarar sonuçlar elde etmek için veri madenciliğinin büyük bir dikkatle uygulanması gerektiği konusunda okuyucuları bilgilendirmek amacıyla veri madenciliğindeki görünmez tehlikeler üzerinde de duracağız.

Veri Madenciliğinin Gerçek Hayatta Görülen Örnekleri

Capital One Financial Co.

Finansal şirketler veri madenciliğinin en büyük kullanıcılarından biridir. Bu kullanıcılardan biri de ülkenin en büyük kredi kartı kullanıcılarından biri olan Capital One Financial Corp.'dır. Aralarında sigortalı, birleşik, çift markalı ve üniversite öğrencileri kartlarının da bulunduğu 3000 finansal ürün seçeneği sunmaktadır. Şirket, 2-terabyte Oracle7'den fazla yerleşik veri deposunda bulunan 150 milyon potansiyel olasılığa en uygun finansal ürünü satmak için veri madenciliğini kullanmaktadır. Alıcı kaydolduktan sonra bile, Capital One şirketi bütün müşterilerinin devam eden karlılığını ve diğer özelliklerini takip etmek için veri madenciliğini kullanmaya devam etmiştir. Bu devam eden izleme olayı şirketin müşterilerine bakiye transferi için geçici düşük faiz oranı fırsatı sunarak onları cezbedip diğer kartlarla rekabetini sürdürmeye devam etmesini sağlar. Veri madenciliğini ve diğer stratejileri kullanması Capital One şirketine geçen sekiz yılda işletilen borçları 1 milyar dolardan 12.8 milyar dolara çıkarmasında yardımcı olmuştur. Capital One Şirketi'nin veri depolama IT Müdürü olan David Buch'a göre; "Bu veri madenciliğinin ne kadar iyi işlediğine dair çok büyük bir kanıttır." Capital One Şirketi'ndeki bir diğer veri madenciliği uygulaması ise dolandırıcılık tespitidir. Bu kredi kartı şirketleri için çok ciddi bir sorundur. Örneğin; Visa ve Master Card 1995 yılında dolandırıcılık nedeniyle 700 milyon dolar kaybetmiştir. Kısmen kendi şahsi veri madenciliği araçlarına kısmen de San Diego tabanlı HNC Yazılım Inc.'ın nöral ağ tabanlı kredi kartı dolandırıcılık tespit sistemi sayesinde Falcon – Capital One

Şirketi'nin dolandırıcılık nedeniyle görülen kayıplarında 1996 yılından beri % 50'den fazla bir azalma görülmüştür.

Cablevision System

New York, Wodddbury'deki tabanlı kablolu TV sağlayıcısı Cablevision Systems Inc. Telekom şirketlerini kablolu TV endüstrisine sokan yeni düzenlemelerle rekabet edebilme konusunda endişeliydi. Bu nedenle de bir merkezi veri deposuna ihtiyacı olduğu konusunda karar kılmıştı böylece onu pazarlayan kişiler verilere daha hızlı ve doğru bir şekilde erişim sağlayabileceklerdi. Cablevision'da pazarlamadan sorumlu kişiler veri madenciliğini kullanarak şirketin 2.8 milyon müşterisinin arasından belli başlı dokuz müşteri tipini belirlemişti. Müşterilerini "kaçınılmaz" olanlar ve "değişmesi muhtemel olanlar" gibi bölümlere ayırmışlardı. Bu Cablevision'ın hizmetlerini alma olasılığı daha fazla olan müşteri kesimleri üzerinde yoğunlaşmasını sağlamıştı. Şirket veri madenciliğini iki hedef müşteri grubunun; yeni hizmetleri satın alanlarla almayanların profillerini karşılaştırmak için de kullanmıştır. Bu şirketin müşterilerine yolladığı mesajlarda bazı değişiklikler yapmasına neden olmuş ve değişiklik sonucunda da yeni hizmetleri satın alan hedef müşterilerin sayısında %30'luk bir artış gerçekleşmiştir.

Southern California Gas Company

Southern California Gas Compony stratejik bir pazarlama aracı olarak SAS yazılımını kullanmaktadır. Şirket, müşteri satış veri tabanı adı verilen bir veri pazarı oluşturmuştur. Burada dışarıdan gelen demografik verilerin yanı sıra kendi fatura ve sipariş verileri bulunmaktadır. Onlara göre, şirket verimsiz pazarlama uygulamalarından kurtularak yüz binlerce dolar tasarruf etmiştir.

American Express

Bir diğer veri madenciliği örneği de, harcamaları kesmek için veri depolama ve veri madenciliğinin kullanıldığı American Express şirketinde görülmektedir. American Express dünya çapındaki satın alma sistemini, toplu satın alma kartlarını ve toplu kart veri tabanlarını birleştirerek tek bir Microsoft Server Veri tabanı oluşturmuştur. Bu American Express'in hedefledikleri masrafları azaltmaya ulaşmak için istisnalar ve örnekler bulmasını sağlamaktadır. Bu istisnaları ve örnekleri tespit etmek için American Express çift işlemcili Compaq Serverlar ve Toronto, Angoss Yazılım'dan Konwledge Seeker'ı kullanmaktadır.

MCI

MCI, veri madenciliğinden çok fazla yararlanan bir diğer şirkettir. Müşteri hizmetleri ve telefonla pazarlama verilerinin bir veri tabanını oluşturarak MCI ses ve veri hizmetlerini atmanın yeni yollarını bulmuşlardır. Örneğin; iki ya da daha fazla hizmetten faydalanan kişilerin sadık müşteriler olma olasılığının çok yüksek olduğu sonucuna varmışlardır. Ayrıca insanların uzun mesafeli, cep telefonları, internet ve diğer hizmetler gibi ürünleri paket halinde alma konusunda istekli olduklarını da fark etmişlerdir. Bu nedenle de, MCI günümüzde bu tür paketler sunmaktadır.

Safeway, UK

Finansal kuruluşlar gibi market zincirleri de veri madenciliğinin en büyük kullanıcılarından biridir. Safeway UK 10 milyar dolardan fazla satışıyla bu tür bir marketler zincirdir. Safeway UK ürün işlem verilerinden sürekli olarak bilgi alabilmek için IBM Intelligent Miner'ı kullanmaktadır. Safeway UK'nin IT Müdürü Mike Wich'e göre Intelligent Miner "insanın kavramsal kapasitesinin üstünde bazı korelasyonları" bulmaktadır. Örneğin; Intelligent Miner satışlarda 200'in altında bir sıra da yer alan belirli bir peynir ürününün çoğunlukla %25 oranındaki en fazla harcama yapan müşteriler tarafından satın alındığını ortaya çıkarmıştır. Normal şartlarda ürünün satışı durdurulacak, bu da en iyi müşterilerini hayal kırıklığına uğratacaktı. Veri madenciliği sayesinde, Safeway UK Intelligent Miner'ın sequence- discovery fonksiyonunu uygulayarak müşterilerine müşteri isteklerine göre düzenlenmiş postalamalar yapmıştı. Bu da Safeway UK'nin rekabet düzeyini korumasını sağlamıştı.

8.3. C EKİ : VAKA İNCELEMELERİ

Bu bölümde endüstrideki veri madenciliği uygulamalarına ilişkin üç vaka incelemesi sunacağız. İlk vaka incelemesi, müşterilerin diğer rakiplere geçmelerini önlemek için veri madenciliğinin kullanıldığı bir tele komünikasyon şirketiyle ilgilidir. İkinci vaka incelemesi büyük bir bankayla ilgilidir. Yaygın olarak kabul edilen öz kaynak borçlanması endüstri modelleriyle çalışan banka, müşterilerden alınan cevapların azlığından endişe duymaktaydı. Veri madenciliği uygulamasıyla banka kısa sürede iki müşteri tipini keşfetmişti ve öz kaynak borç portföyünde dikkat çekici bir kazanç sağlamıştı. Üçüncü vaka incelemesi bir kamu kuruluşuyla ilgilidir. Düzenlenmemiş bir ürünü kamu hizmeti müşterilerinin hedefi haline getirmek için veri madenciliğinin nasıl kullanılacağını göstermektedir. Bu vaka incelemeleri veri madenciliğinin uygulamada nasıl kullanıldığı ve bunlardan nasıl faydalar sağlanabileceği konusunda bir değerlendirme sunmak için anlatılmaktadır.

8.3.1. ABC Cep Telefonu Şirketi Çalkalanmayı Nasıl Minimuma İndirir?

Cep telefonları endüstrisindeki rekabet çok fazladır; farklı cep telefonu hizmet sağlayıcıları birbirlerinin müşterilerini kapmaya çalıştıkları için sürekli bir müşteri devri söz konusudur. Rekabet nedeniyle hizmet sağlayıcıların her ay müşterilerinin %7 ila 8'ini kaybettiği görülmektedir. Cep telefonu hizmet endüstrisi buna müşteri devri çalkalanması adını vermektedir. Bir çok şirket çeşitli indirim ve teşviklerle kaybettiği müşterilerinin yerini doldurmaya çalışmaktadır.

Yedi buçuk milyondan fazla nüfusa sahip geniş bir metropolitan şehirde hizmet gösteren cep telefonu hizmet sağlayıcısı ABC Cellular da bu çalkalanmaya teslim olmuştur. ABC Cellular her ay yaklaşık müşterisinin yüzde sekizini kaybetmektedir. ABC Cellular kaybettiği müşterilerinin yerine yeni müşterilerini bulmada fazla zaman kaybetmese de bu çalkalanma ABC'ye zarar vermeye başlamıştır. Şirket her yeni müşteriyi kazanmak için 500 ila 600 $ harcamaktadır. Ufukta bir çok cep telefonu hizmet sağlayıcısının belirmesiyle ABC Şirketi şunu fark etmişti ki şirket yeni müşteri kazanmak için her müşteriye 500 ila 600 $ harcamaya devam edecekti. Şirketin ihtiyacı olan şey bu çalkalanmayı minimuma indirebilmekti. Devamlı müşterilerini belirlemenin ve onları memnun etmeye çalışmanın zamanı gelmişti. Aynı zamanda ayrılma olasılıları olan müşterileri belirleme ve onları bu fikirlerinden döndürmeye çalışmanın da zamanı gelmişti.

Bu çalkalanmayı en iyi nasıl kontrol edecekleri üzerine yaptıkları bir dizi müzakereden sonra ABC idari kadrosu veri madenciliğine başvurmaya karar vermişti. Veri madenciliğinin bu çalkalanmayı kontrol etmeden ne kadar faydalı olacağı konusunda şüpheleri olduğu için idari kadro ilk önce bir pilot çalışma uygulamayı tercih ettiler. Pilot çalışmayı yürütmek için ABC, iş uygulamaları ve usulleri konusunda kendi uzmanlarından oluşan bir ekibi, bir veri madenciliği danışmanlık şirketini ve ayrılması olası olan kişileri durdurmak için bir kampanya başlatacak bir tele market hizmet bürosunu bir araya getirdi. Amaçları ayrılmayı düşünen müşterilerle hizmetten memnun olan müşterileri saptamaktı. Ayrıca; veri madenciliği sonuçlarının ayrılma olasılığı olan müşteriler olarak belirlenen müşterilere ulaşmak için müşteri isteğine göre düzenlenmiş bir tele market diyalogu geliştirme amacıyla kullanılmasına karar verilmişti. Şirket bunun çalkalanmaya bir son vereceğini hissediyordu.

Pilot çalışmada yapılacak ilk iş veri kaynaklarını belirlemekti. Bir dizi görüşme ve müzakereden sonra iki grup veri kaynağı belirlenmişti. İlk veri kaynağı bir veri tabanı pazarlama şirketi tarafından hazırlanan müşteri profili veri tabanı idi. Veri tabanında bütün ABC aboneleri hakkında kısa bir bilgi bulunuyordu. Bu bilgi; ödeme planı, telefonunun çeşidi, aylık lokal kullanım süresi, aylık dolaşım* kullanım süresi, Amerika Birleşik Devletlerinde her şebekeyle kaç kez şebeke içi ve şebeke dışı arama yapıldığı ve buna benzer daha bir çok konu hakkındaki bilgilerden oluşuyordu. İkinci veri kaynağı ise arama kayıt verilerini tutmakla sorumlu olan ABC'nin cep telefonu arama ofisi olarak belirlenmişti. Her bir arama kaydı abonenin kimliği, aramayı yapan numara, aranan numara, arama yapılan şebeke, arama süresi ve bunun gibi daha başka bir çok bilgiden oluşmaktaydı.

Daha sonra yapılacak iş ise; arama kaydı kayıtları ile müşteri profili verilerini bir araya getirmekti. Bu her müşteri için ayrıntılı bir arama şablonu ve kısa bir bilginin oluşmasını sağlamıştı. Bu işlem rasgele seçilen yaklaşık 50.000 müşteri için gerçekleştirilmişti. Seçilen her müşteri için altı aylık veriler toplanmıştı. Ne var ki bu altı aylık süre içinde ayrılan bir çok abone olmuştu bu da etkili bir şekilde kalma olasılığı olan müşteriler ile ayrılma olasılığı olan müşteriler adında iki kümenin oluşmasına yol açmıştı.

Gerekli verileri topladıktan sonra; pilot ekip veri madenciliğindeki otomatik kümeleme tespit ve karar ağacı yaklaşımlarını kullanmaya kara vermiştir. Bunun nedeni aynı davranış özelliklerini gösteren abone gruplarını tespit etmek ve daha sonra hizmetten ayrılma nedenlerine ilişkin bazı tahmin normları elde etmek için karar ağacı yöntemini uygulamaktı. Bu işlem için karar ağacı yönteminin seçilmiş olmasının nedeni bu yöntemin her abone hakkında öngörülebilir sonuçlar sunmasının yanında bu belirli gruplardaki kişilerin ayrılma nedenlerine ilişkin bazı ipuçları elde etmekti. Her tekrar sonunda veri madenciliği normlarının geçerliğini değerlendiren ABC'nin kendi şirket uzmanları tarafından çok sayıda kümeleme ve karar ağacı oluşturma tekrarları gerçekleştirilmiştir.

Abonelerin sergiledikleri tutumlara ve oluşan gruplara ilişkin istikrarlı sabit veriler aldıktan sonra ABC ekibi pilot çalışmanın bütün abone nüfusunun hesabını tutmaya karar verdi. Bütün aboneler belirli bir grup üyeliğine ve iptal tehlikesinin derecesine göre bir gruba bağlandı. Daha sonra; ekip veri madenciliği sonuçlarının geçerliğini değerlendirmeye başladı. Bu amaçla; pilot çalışmaya dahil olan 50.000 abone tam olarak ikiye bölünüp iki tane abone grubu oluşturuldu. Bu grupların aboneleri gelişigüzel belirlendi. İlk grup *kontrol grubu;* ikinci grup da *test grubu* olarak adlandırıldı. Tele market servis bürosundan test grubundaki iptal riski yüksek abonelerin ilgisini çekecek şekilde hazırlanmış diyaloglar geliştirilmesi istendi.

Daha sonra pilot ekip test grubundaki ayrılma riski yüksek kişiler için etkili bir tele market kampanyası başlattı. Bu kampanyanın iki amacı vardı. İlk amacı risk oranı yüksek abonelerden memnuniyetsizliklerinin ve abonelikten ayrılma olasılılarının nedeninin veri madenciliği tarafından öne sürülen nedenlerle çakışıp çakışmadığını kontrol etmekti. İkinci amaç ise ayrılma olasılığı yüksek olan abonelere onları cezbedecek fırsatlar sunmaktı.

Kontrol grubu olarak ayrılan abonelere bu konuda hiçbir çalışma yapılmadı. Onlar yalnızca izlendiler. Kontrol ve test gruplarının üç ay süren izlenmelerinin sonucunda kontrol grubunda ayrılma riskleri yüksek olan adaylarla ayrılma riskleri düşük olan adaylar arasındaki iptal oranındaki farklar belirlendi. Pilot ekip bu farkın oluşturdukları veri madenciliği modelinin sınıflandırmasının doğruluğuyla yakın olması beklentisi içindeydi. Ekip gerçekten böyle olması karşısında hoş bir şaşkınlık sergilemişti. Pilot ekip ayrıca test grubundaki iptal riski yüksek aboneler ile kontrol grubundaki iptal riski yüksek aboneler arasındaki iptal oranları arasındaki farkı da araştırdılar. Ekip bu farkın tele market kampanyasının ne kadar etkili olduğu ve belirli bir grup abonenin niçin ayrılma olasılığının olduğunu açıklamada karar ağacı kurallarının ne derece etkili olduğu konusunda bir ölçüt sunmasını da umuyordu. Ekip yine hoş bir sürprizle karşılaştı.

Veri madenciliğinin maliyeti düşük tutarak bu çalkalanmayı kontrol etmeye yardımcı olabileceğini görmek ABC Cellular'ın bu pilot çalışmayı bütün abonelerini kapsayacak şekilde yaymasını sağlamıştı. Ayrıca ABC Cellular bütün şirket işlemlerinde veri madenciliğini kullanabileceği yeni uygulamalar aramaya da başladı.

8.3.2. Kredi Borçlanacak Müşterilerin Hedeflenmesi

Bankacılık sektörü veri madenciliği teknolojinin en önde gelen kullanıcılarından biridir. Bankacılık alanında yapılan bu vaka incelemesi veri madenciliğinin gizli piyasa bölümlerini nasıl açığa vurabileceğini göstermektedir.

XYZ Bankası kredi kullanan müşteri tabanını genişletmeyi istiyordu. Banka direkt olarak mektup yollayarak iki grup potansiyel müşterisine ulaşmayı amaçlıyordu. İlk grupta üniversite yaşındaki gençler yer alıyordu. Banka bu grubun öğrenim masraflarını ödemek için kredi borç almayı isteyeceğini düşünüyordu. İkinci grup ise gelir oranları yüksek ancak düzensiz harcaması olan kişilerden oluşuyordu. Bu gruptaki kişiler de yüksek ve düşük gelir dönemlerini kredi kullanarak dengelemek isteyebilirlerdi. Kredi borçlanacak bu müşteri modeli bankacılık sektörünün geleneksel ilmine dayanmaktaydı. Ne var ki, bir çok mektup kampanyasından beklenen sonuçlar alınamamış ve yöneticiler kredi borçlanma kampanyasının amacına niçin ulaşmadığının nedenlerini aramaya başlamışlardı. İşte tam bu noktada XYZ Bankası veri madenciliğinden yardım almaya karar vermişti.

Kredi borçlanma uzmanlarından, enformasyon teknolojileri personelinden ve başka veri madenciliği danışmanlarından oluşan bir ekip kredi borçlanma kampanyası için hedef kitle olarak belirlenecek müşterilerin kimler olabileceğini belirlemek amacıyla bir araya gelmişlerdi. XYZ Bankası ileri görüşlü bankalardan biridir ve her zaman teknolojinin ön saflarında yer almıştır. Bu nedenle veri madenciliği için veriler çok büyük bir problem oluşturmamıştır. Bankanın geniş paralel bilgisayarlarının birbiriyle bağlantılı veri tabanlarında on bir milyon perakende müşterisiyle ilgili her türlü bilgi bulunmaktaydı. Veri tabanı müşteriler hakkında doğrudan banka tarafından toplanan bilgiler içermekteydi, veri tabanında bunların yanında dış satıcılardan elde edilen gelirleri, kaç çocuklarının olduğu, evlerinin çeşidi ve bunun gibi bilgiler de bulunmaktaydı.

Veri madenciliği için ekip ilk önce müşteri kayıtlarının bir deneme grubunu oluşturdu. Bu daha önceki mektup kampanyalarında iletişim kurulan müşterilerin kayıtları kullanılarak yapıldı. kredi borçlarını daha önceden tercih etmiş olan müşteriler kredi borçlanmasını talep edecek müşteriler olarak deneme grubuna alındı. Daha önceki doğrudan mektup kampanyalarına cevap vermeyen müşteri kayıtları kredi borçlanması isteme olasılığı olmayan müşteri örnekleri olarak deneme grubuna dahil edilmişlerdi. Daha sonra karar ağacına dayanan veri madenciliği aracı müşterileri kredi borçlanması yapma olasılığı olan adaylar ve böyle bir ihtimalleri olmayan adaylar olarak sınıflandırmayı öğrenmek için kullanılmıştı. Karar ağacı modeli bir dizi deneme ve testten geçtikten sonra en sonunda tam olarak kesin bir ağaç sınıflandırıcısı oluşturulmuştu.

Bir sonraki aşamada, ekip müşterilerinin kredi borçlanması için başvuru yaptıkları zamanların belirli bir özelliği olup olmadığını tespit etmeye karar verdi. Bunun yapılmasının nedeni yalnızca kredi borçlanması yapabilecek kişileri tespit etmenin yeterli olmadığı aynı zamanda bu müşterilerle temasa geçilecek en uygun zamanın da belirlenmesi gerektiğine olan inançlarıydı. Bunun için ardışık model analizi yöntemi kullanılmıştır.

Son olarak ekip müşterilerden homojen gruplar oluşturmak için kümelendirme yapmaya karar verdi. Bir çok tekrardan sonra 14 farklı grup elde edildi. Aralarında görülebilecek ilginç ilişkileri tespit etmek için her bir bölümün ayrıntılı bir analizi yapıldı. Gruplardan büyük bir kısmında böyle bir ilişkiye rastlanmazken bir grupta çok ilginç iki ilişki görüldü. Öncelikle bu grupta hem şirket hesapları hem de özel hesapları olan çok sayıda kişi bulunuyordu. İkinci olarak da; bu gruptaki müşteriler karar ağacı sınıflandırma modelinin kredi borçlanması yapma olasılığı bulunan adaylar olarak tespit ettiği banka müşterilerinin % 11'lik bölümünün dörtte birini oluşturuyordu.

Yukarıdaki analizler bir çok müşterinin kredi borçlanmasını işlerini finanse etmek için kullandığını gösteriyordu. Bu alan araştırmalarıyla da doğrulanmıştı. Banka veri madenciliği yoluyla kredi borçlanması yapan müşterilerine ilişkin tam bir bilgiye sahip olduktan sonra kredi borçlanması yapma olasılığı bulunan müşteriler için müşteri istekleri doğrultusunda yeni bir kampanya başlatılmıştı. Daha önceki kampanyanın aksine, XYZ Bankası bu sefer yaptığı kredi borçlanma tekliflerinin % 10'undan fazlasının kabul edildiğini görmüştü. Teklifin kabul edilme oranı daha önceki direkt mektup kampanyasının elde ettiği oranın iki katından fazla idi. Bu başarıyla umutlanan XYZ Bankası bugün veri madenciliğini diğer ürünlerini ve hizmetlerini pazarlamak için de kullanmaktadır. Aslında veri madenciliği XYZ Bankası'ndaki perakende pazarlamanın yerini almıştı. Banka toplu pazarlama yaklaşımına sahip bir bankadan hedefli pazarlama yapan bir bankaya dönüşmüştü.

8.3.3. ABC Kamu Kuruluşu Düzenlenmemiş Ürün Satışlarını Nasıl Yeniden Canlandırdı

Bu vaka incelemesi bir kamu kuruluşunun veri madenciliği yoluyla düzenlenmemiş ürün satışlarını nasıl arttırdığı ve bu süreçte yeniden düzenleme için kendini nasıl hazırladığıyla ilgilidir.

ABC Kamu Kuruluşu beş milyondan fazla müşteriye hizmet veren milyarlarca dolarlık bir elektrik ve gaz şirketidir. Ufukta görülen yeniden düzenlemeyle ABC yönetimi düzenlenmemiş hizmet ürünlerinin satışlarını arttırma konusunda endişeye kapılmıştı. Şirket son günlerde ev aletleri için bir hizmet sözleşmesi teklifi vermeye hazırlanıyordu ve daha bir çok ürün ve hizmeti piyasaya sürme hazırlığı içindeydi. Müşteriye direkt mektup yollama yoluyla yürütülen kampanyanın maliyeti 0.25 $ olduğuna göre toplu bir mektup kampanyası 1.25 milyon dolara mal olacaktı. Toplu mail atma kampanyaları ortalama % 2.5'lik bir başarı oranına sahip olduğuna ve hizmet sözleşmesini imzalayan her müşteriden 10 $'lık bir kar elde edilmesi beklendiğine göre şirket daha fazla hedefli pazarlama yapması gerektiğinin farkına varmıştı. Daha yüksek bir başarı oranına ulaşmak için seçilmiş bir müşteri grubu üzerinde yoğunlaşması gerekiyordu. Bu nedenle ev aletleri hizmet sözleşmesini tercih edebilecek müşterileri belirlemek için veri madenciliğine başvurmaya karar vermişti. Şirket yönetimi ayrıca veri madenciliğinin şirketin çok yakında görülecek düzenlemenin bu aşamasında müşterilerini daha yakından tanıma imkanını bulacağını ve şirketi diğer ürünleri ve hizmetleri piyasaya sunmak için hazırlayacağını hissediyordu. Bu nedenle ABC kamu kuruluşu gelecekteki sonuçlar için veri madenciliğine yatırım yapma konusunda istekliydi. Şirket veri madenciliği konusunda uzman olmadığı için şirket dışından bir danışmanlık şirketiyle çalışmaya karar vermişlerdi.

Enformasyon teknolojileri departmanında görev yapan kendi çalışanlarıyla birlikte çalışmak için ABC kamu kuruluşu tarafından veri depolama ve veri madenciliği alanlarında çok iyi kayıtlara sahip bir danışmanlık şirketi kiralanmıştı. Bir çok müzakere toplantısından sonra proje grubu veri madenciliği için iki çatallı bir yaklaşım benimsemişti. Öncelikle ABC tarafından sunulacak bu yeni hizmete büyük bir memnuniyetle cevap verecek müşterileri tespit etmek için bir sınıflandırma modeli oluşturmaya karar vermişlerdi. Daha sonra benzer özellikler gösteren müşterileri farklı müşteri grupları oluşturarak bir arada toplamak için bütün müşteri veri tabanının segmentasyonunu geliştirmeye karar verdiler. Ekip bunun ev aletleri hizmeti sözleşmesi için pazarlama planını tasarlamaya yardım edeceğini ve bunun yanı sıra gelecekteki ürünler hakkında da bilgi vereceğini düşünüyordu.

Şirketin veri tabanındaki verileri inceledikten sonra, proje grubu ABC'de mevcut bulunan verilerin daha başka iki yolla tamamlanması gerektiğini düşünmüştü. İlk olarak bütün ABC müşterileri için veri tabanı satıcılarından demografik ve psiko-sosyal (yaşam tarzı) verilerin satın alınması gerekiyordu çünkü işe yarar bir segmentasyon yapmak için şirketin veri tabanında her müşteri hakkında yeterli bilgi yoktu.

Yüz bin test müşterisinden alınan cevaplar satın alınan demografik ve psiko-sosyal verilerle ve ABC'de mevcut bulunan verilerle birleştirildi. Proje üzerinde çalışan danışmanlar ve ABC ekibi daha sonra hizmetten yararlanmak isteyen müşteriler üzerinde SQL kullanarak bazı özet istatistikler elde ettiler. Bu, ekibin sınıflandırma modeli oluşturmak için hangi müşteri özelliklerinin önemli olduğunu belirlemesini sağladı. Bir sonraki aşama karar ağacına dayalı sınıflandırma modelini oluşturmaktı. Bunun için ABC'deki proje ekibi 100.000 kuvvetli müşteri veri kümesini 80/20 kuralını takip etmek suretiyle deneme ve test grubu olarak ikiye ayırmaya karar verdi. Deneme kümesinden alınan 80.000 kaydı kullanarak interaktif bir işlemle bir karar ağacı modeli oluşturuldu. Test grubundan alınan geriye kalan 20 bin cevapla test edilerek karar ağacı modelinin sınıflandırma doğruluğu kontrol edildi ve kabul edilebilir bulundu.

Oluşturulan sınıflandırma modeli kullanılarak ABC kamu kuruluşunun beş milyon müşterisinin hepsi hizmet sözleşmesini kabul etme olasılıklarına göre derecelendirilmişti. Aynı zamanda segmentasyon yapması içi bütün müşteri verileri grubunda otomatik küme tanıma aracı kullanılmıştı. Bu işlem üç tane büyük küme üç tane de küçük küme oluşumuna neden oldu. Her bir küme incelendikten sonra ABC müşterilerinin %40'ını oluşturan en büyük kümenin çoğunlukla çok fazla enerji tüketen kimseler özellikle de şehir dışında oturan uzmanlar olduğu görüldü. Bu gruptaki müşterilerin hepsi ev sahibiydi ve büyük bir kısmı da çift gelirli ailelerdi. Bir diğer büyük grubun ki bu grup da ABC'nin müşterilerinin %35'ini oluşturmaktadır en çok kiracılardan oluştuğu görüldü. Bu gruba giren kişiler daha az kredi kullanmakta ve daha az enerji tüketmekteydi. Üçüncü büyük grup ABC'nin müşterilerinin %16'sını kapsamaktaydı. Bu grup daha çok yaşça büyük kişilerden oluşmaktaydı. Geriye kalan üç grubun her birinin %3 oranında müşterisi bulunmaktaydı. Bu üç grubun proje ekibinin her biriyle bağdaştırabileceği ağır basan hiçbir özelliği bulunmamaktaydı.

Her bir gruptaki müşterilerin hizmet sözleşmesini kabul etme olasılıklarının derecelendirmesine bakarsak, ekip ilk gruptaki müşterilerin %14'ünün üçüncü gruptaki müşterilerinse %23'ünün sıralandırmanın en üstlerinde yer aldıklarını görmüştür. Her iki bölümün de ihtiyaçlarına cevap verebilmek için Hizmet Sözleşmesinin avantajlarını anlatan iki ayrı tanıtım broşürü hazırlanmıştır. Daha sonra bu broşürler dereceleri yüksek olan müşterilere yani ilk gruptaki 280.000 ve ikinci gruptaki 184.000 müşteriye postalanmıştır. Hedef olarak seçilen müşterilerin yaklaşık %50'si hizmet sözleşmesini kabul edince ABC Şirketi'nde müşteri hedefinin belirlenmesinin önemi anlaşılmıştır. Böylece ABC Şirketi yaklaşık 230.000 müşterisiyle imza atmayı başarmıştır. Bu rakam toplu postalama yoluyla anlaşmaya varacağı müşterilerin neredeyse iki katıdır.

Yukarıda anlatılan başarısından memnun olan ABC Kamu Kuruluşu şimdilerde bir çok veri madenciliği uygulamalarını incelemektedir. Örneğin; çalışanların devamsızlıklarını belirlemede ve tahmin etmede veri madenciliğinin kullanımını değerlendirmektedir. Ayrıca veri madenciliğinin dönüştürücü başarısızlıklarının tahmininde de yardımcı olabileceği görülmüştür. Bunların yanında veri madenciliğinde çevre sorunlarıyla ilgili bazı uygulamalar da bulunmuştur. En önemlisi de, ABC Kamu Kuruluşu artık yeni düzenlemeler için hazır hale gelmiştir.

9.ÖZET

Bu tez veri madenciliği ve onun özünü oluşturan teknolojilere ilişkin bir giriş niteliğindedir. Veri madenciliği tek bir teknik değildir. Daha ziyade; geniş şirket tabanlarında mevcut bulunan değerli ve gizli bilgilere ulaşmamızı sağlayan tekniklerin bir bütünüdür. Nöral ağlar, örnek tanıma ve karar ağaçları gibi bilgisayar merkezli öğrenme teknolojileri veri madenciliğinin özünü oluştursa da ; veri madenciliği yalnızca bir nöral ağı ya da karar ağacı algoritmini kullanmaktan çok daha geniş bir alandır. Amacı işe yarar şirket bilgileri oluşturmak olan, çok aşamalı interaktif ve tekrarlayıcı bir işlemdir. Veri madenciliği yönteminin başarısı, *bulunan* öngörülebilir ya da sınıflandırma modelinin doğruluğuyla belirlenmez, bu modelin işlere olan faydasıyla belirlenir. Etkili veri madenciliği yalnızca söz konusu iş konularının tam olarak anlaşılmasını gerektirmekle kalmaz aynı zamanda önemli değişkenleri tanımlamak, verileri ayıklamak, verileri kodlamak ve analiz etmek gibi çok fazla miktarda bir veri hazırlığını gerektirir. Uygun veri hazırlığı yapılmadığı takdirde, veri madenciliği işe yaramayan bilgiler üretme eğiliminde olur. *"Değersiz veriler içeri, değersiz veriler dışarıya"* atasözü hiçbir zaman dikkatli veri hazırlığı olmadan ve sorunun işle ilgili noktaları iyi bir şekilde anlaşılmadan gerçekleştirilen bir veri madenciliği uygulamasında olduğundan daha yerinde olamaz.

Veri madenciliği, karar mekanizmalarının ellerinde kurumlara ait verilerinden işle ilgili değerli bilgiler almak için stratejik bir araç halini almıştır. Bu tür şirket bilgileri firmalara pazarlama, ürün geliştirme ve müşteri hizmetleri gibi hassas bir çok alanda çalışmalarını geliştirme konusunda yardımcı olmaktadır. Sonuç olarak veri madenciliği çalışmaları büyümeye devam etmektedir. Bankacılık ve telekomünikasyon endüstrileri etkileyici performans sonuçlarıyla veri madenciliği teknolojisinin kullanım alanlarının başında gelmektedir. Eğer yeniden düzenlenen telekomünikasyon şirketlerinin deneyimleri olacak şeylerin bir göstergesi ise veri madenciliği yeni düzenlemeden geçmiş bu ortamda rekabeti koruma ve yeni ürünleri üretme konusunda kamu şirketlerine çok faydalı olacaktır.

10. ÖĞRENCİ VERİLERİ ÜZERİNDE UYGULAMALAR

Öğrenci verileri üzerindeki uygulamaları için , Fen-Edebiyat Fakültesi' nin Matematik, Fizik, Kimya ve Biyoloji Bölümlerine ait öğrencilerin veri üzerinde işlemler yapılmıştır. Öğrencilerin kayıt deseni aşağıdaki gibi seçilmiştir,

Alan-adı	Tipi	Uzunluk	Açıklama
1- Ders	Karakter	28	(Ders kodu ve adı alanı)
2- Cins	Karakter	1	(Cinsiyet kodu, 1=Erkek, 2=Kız)
3- Not	Saysal	3	(Öğrenci dersten aldığı not)

Kayıt Sayıları;

Bölüm	Kayıt Sayısı
1- Matematik	3811

2- Kimya	3831
3- Fizik	2889
4- Biyoloji	5653

Yapılan testlerde; karar ağaçları ,Lineer regresyon yöntemleri kullanılmış çeşitli sonuçlar bulunmuş ve not ile ilgili kurallar oluşturulmuştur.

Her dersin küme içinde sayıları ve yüzdeleri bulunmuş, not değerlerine göre karar ağaçları oluşturulmuştur. Not ile ilgili kural hesaplamaları oluşturulmuş , bu hesaplamalarda ortalamaya etki eden değerler(Kız/erkek olma, ortalaması genel ortalamadan yüksek çıkan dersler,..) yer almıştır.

Bu sonuçların bir kısmı bölümler bazında aşağıda verilmiştir.

10.1. Matematik Bölümü

The process started on dataset 'World' with included attributes: NOT, CINS, DERS

The dataset contains 3 attributes and 3811 records.

Numerical and integer attributes:	Values	Mean	Std.Dev	Min	Max	Range	Median	Mode	Diff.values
"NOT"	3811	57.2	9.429	50	100	50	53		

Categorical attributes:	Values	Mode	Diff.values,	%
CINS	3811		2	
		1	2910	76.36%
		2	901	23.64%
DERS	3811		63	
		MAT151-1 SOYUT MATEMATIK I	137	3.595%
		TAR101-1 ATATURK ILK.VE.INK.	126	3.306%
		MAT263-1 GENEL TOPOLOJI I	124	3.254%
		FIZ111-1 TEMEL FIZIK I	119	3.123%
		TAR102-1 ATATURK ILK.VE IN.I	118	3.096%
		TUR101-1 TURK DILI VE KOM.I	116	3.044%
		FIZ112-1 TEMEL FIZIK II	115	3.018%
		MAT253-1 OLASILIK VE IST.I	110	2.886%
		ING102-1 INGILIZCE II.	106	2.781%
		MAT296-1 TEMEL BILGI TEKNLJ.	106	2.781%

Categorical attributes:	Values	Mode	Diff.values,	%
		MAT172-1 ANALIZ II	106	2.781%
		MAT273-1 ANALITIK GEOMETRI I	105	2.755%
		MAT274-1 ANALITIK GEOMETRI I	105	2.755%
		ING101-1 INGILIZCE I	104	2.729%
		MAT398-1 OFIS PROGRAMLAMA	104	2.729%
		MAT284-1 ILERI ANALIZ II	101	2.65%
		TUR102-1 TURK DILI VE KOMP.I	100	2.624%
		MAT355-1 KISMI DIF.DENK.	98	2.572%
		MAT293-1 DIFRANSIYEL DENKLEM	97	2.545%
		MAT152-1 SOYUT MATEMATIK II	86	2.257%
		MAT356-1 KISMI DIF.DENKLEMLE	86	2.257%
		MAT385-1 REEL ANALIZ I	85	2.23%
		MAT365-1 SOY.CEB.VE SAY.TEO.	85	2.23%
		MAT376-1 KOMP.FONKSIYONLAR I	77	2.02%
		MAT283-1 ILERI ANALIZ I	77	2.02%
		MAT335-1 MATEMATIKSEL IST.I	74	1.942%
		MAT254-1 OLASILI VE ISTATI.I	73	1.916%
		MAT386-1 REEL ANALIZ II	73	1.916%
		MAT294-1 DIF.DENKLEMLER II	71	1.863%
		MAT375-1 KOMP.FONK.TEO.I.	68	1.784%
		MAT171-1 ANALIZ I	68	1.784%
		MAT161-1 LINEER CEBIR I	66	1.732%
		MAT397-1 INTERNET VE HTML P.	64	1.679%
		MAT162-1 LINEER CEBIR II	61	1.601%
		MAT467-1 DIF.GEOMETRI I.	57	1.496%
		MAT468-1 DIF.GEOMETRI II	53	1.391%
		MAT336-1 MATEMATIKSEL IST.	45	1.181%
		MAT437-1 MAT.ÖĞRTM.YNT(SA)	44	1.155%
		MAT488-1 VERI TABANI	44	1.155%
		MAT487-1 C-PROGRAMLAMA DILI	43	1.128%
		MAT457-1 FONKSIYONEL ANALIZ	43	1.128%
		MAT458-1 FONK.ANALIZ II	43	1.128%
		MAT478-1 UYG.MATEMATIK II	43	1.128%
		MAT477-1 UYGULAMALI MAT.I	42	1.102%
		MAT366-1 SOY.CEB.VE SAY.T.II	42	1.102%
		MAT406-1 MATEMATIKTE SEÇME K	40	1.05%

Categorical attributes:	Values	Mode	Diff.values,	%
		MAT264-1 GENEL TOPOLOJI II	33	0.8659%
		EB 302-1 EĞT.YÖN.VE TURK EĞ.	3	0.07872%
		MAT396-1 BASIC PROGRAMLAMA	3	0.07872%
		MAT181-1 TEMEL MATEMATIK I	3	0.07872%
		EB 301-1 EĞITIMDE ÖLÇ.VE DEĞ	2	0.05248%
		EB 402-1 EĞTIM TEKNOLOJISI	2	0.05248%
		MAT395-1 PROGRAMLAMAYA GIRIŞ	2	0.05248%
		EB 406-1 OKULLARDA UYGULLAMA	2	0.05248%
		MAT182-1 TEMEL MATEMATIK II	2	0.05248%
		EB 201-1 EĞITIM PSIKOLOJISI	2	0.05248%
		EB 403-1 TURK EĞITIM TARIHI	1	0.02624%
		EB 404-1 REHBERLIK	1	0.02624%
		FRA101-1 FRANSIZCA I	1	0.02624%

ERKEK/KIZ ORANI

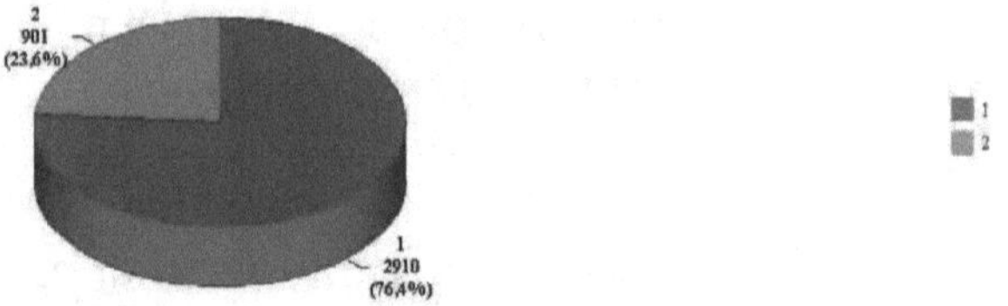

DERS	MAT273-1 ANALITIK GEOMETRI I	MAT152-1 SOYUT MATEMATIK II	MAT162-1 LINEER CEBIR II	MAT172-1 ANALIZ II	MAT254-1 OLASILI VE ISTATI.I
pred.value *points(cell)* *std.err(cell)* *points(subpop)* *std.err(subpop)*	54.35 105 68.9 0 --	51.32 86 69.54 71 16.77	58.49 61 97.4 0 --	57.92 106 85.3 0 --	57.62 73 108.1 0 --

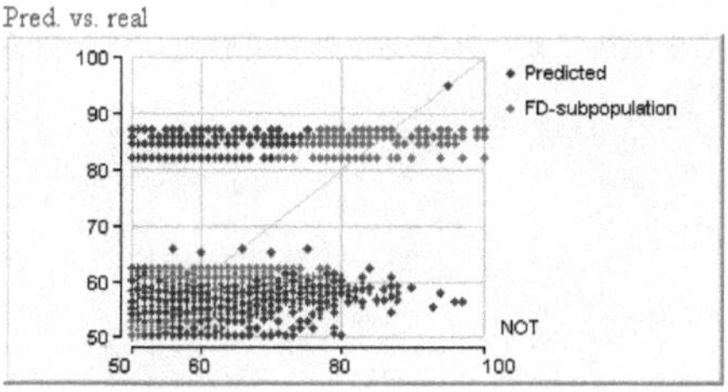

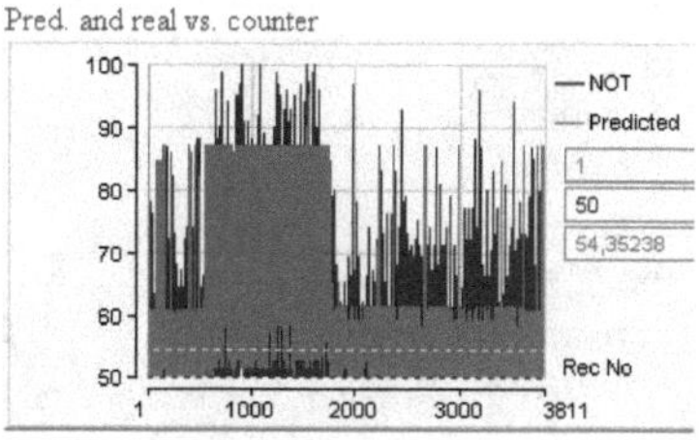

Set of parameters which give the best clustering:	"NOT" CINS
P-value:	2.711e-009
Total N of points in all clusters:	153
Number of clusters found:	3

NOT\CINS	**1**	**2**
(-, 47.7128) *points* *cluster*	**0** --	**0** --
[47.7128, 50.5) *points* *cluster*	**893** --	**210** --
[50.5, 51.5) *points* *cluster*	**327** --	**89** --
[51.5, 52.5) *points* *cluster*	**174** --	**47** --
[52.5, 53.5) *points* *cluster*	**210** --	**57** --
[53.5, 54.5) *points* *cluster*	**115** --	**30** --
[54.5, 55.5) *points* *cluster*	**101** --	**26** --

[55.5, 56.5) *points* *cluster*	**88** **--**	**29** **--**
[56.5, 57.5) *points* *cluster*	**96** **--**	**26** **--**
[57.5, 58.5) *points* *cluster*	**65** **--**	**22** **--**
[58.5, 59.5) *points* *cluster*	**65** **--**	**24** **--**
[59.5, 60.5) *points* *cluster*	**78** **--**	**26** **--**
[60.5, 61.5) *points* *cluster*	**89** **--**	**26** **--**
[61.5, 62.5) *points* *cluster*	**62** **--**	**16** **--**
[62.5, 64.5) *points* *cluster*	**104** **--**	**45** **--**
[64.5, 65.5) *points* *cluster*	**38** **--**	**13** **--**
[65.5, 66.5) *points* *cluster*	**51** **--**	**11** **--**
[66.5, 69.5) *points* *cluster*	**81** **--**	**47** **2**

[69.5, 71.5) *points* *cluster*	**55** **--**	**28** **--**
[71.5, 74.5) *points* *cluster*	**59** **--**	**36** **3**
[74.5, 78.5) *points* *cluster*	**50** **--**	**32** **3**
[78.5, 84.5) *points* *cluster*	**62** **--**	**23** **--**
[84.5, +) *points* *cluster*	**47** **--**	**38** **1**

Number of non-terminal nodes:	1
Number of leaves:	2
Depth of constructed tree:	1

Total classification error:	23.64%
%% of undefined prediction cases:	0.00%
Classification probability:	76.36%
Classification efficiency:	0.00%
Classification error for class "1":	0.00%

real/pred	"1"	"2"	Undefined
"1"	2910	0	0
"2"	901	0	0

Project "fen-matematik"
Rule "DT_CINS"
Terminal nodes are marked with color

Node Level	Node	Decision	Classification errors	p-value	Number of records	Classes count
1	Root	1	23.6	1	100 %	class "1" 76.4 %

						class "2" 23.6 %
2	NOT < 66,5	1	21.4	2.72	85.4 %	class "1" 78.6 % class "2" 21.4 %
2	NOT >=66,5	1	36.6	1	14.6 %	class "1" 63.4 % class "2" 36.6 %

Project "fen-matematik"
Rule "DT_DERS"
Terminal nodes are marked with color

Node Level	Node	Decision	Classification errors	p-value	Number of records	Classes count
1	Root	MAT151-1 SOYUT MATEMATIK I	96.4	1	100 %	class "MAT151-1 SOYUT MATEMATIK I" 3.59% class "MAT273-1 ANALITIK GEOMETRI I" 2.76 % class "MAT152-1 SOYUT MATEMATIK II" 2.26 % class "MAT162-1 LINEER CEBIR II" 1.6 % class "MAT172-1 ANALIZ II" 2.78 % class "MAT254-1 OLASILI VE ISTATI.I" 1.92 % class "TAR102-1 ATATURK ILK.VE IN.I" 3.1 % class "MAT253-1 OLASILIK VE IST.I" 2.89 % class "MAT263-1 GENEL TOPOLOJI I" 3.25 % class "MAT283-1 ILERI class "MAT284-1 ILERI ANALIZ II" 2.65 % class "MAT294-1 DIF.DENKLEMLER II" 1.86 %

						class "MAT296-1 TEMEL BILGI TEKNLJ." 2.78 % class "FIZ111-1 TEMEL FIZIK I" 3.12 % class "MAT181-1 TEMEL MATEMATIK I" 0.0787 % class "MAT487-1 C-PROGRAMLAMA DILI" 1.13 % class "MAT182-1 TEMEL MATEMATIK II" 0.0525 % class "MAT356-1 KISMI DIF.DENKLEMLE" 2.26 % class "MAT396-1 BASIC PROGRAMLAMA" 0.0787 % class "MAT458-1 FONK.ANALIZ II" 1.13 % class "MAT468-1 DIF.GEOMETRI II" 1.39 % "MAT488-1 VERI TABANI" 1.15 % class "MAT366-1 SOY.CEB.VE SAY.T.II" 1.1 % class "MAT365-1 SOY.CEB.VE SAY.TEO." 2.23 % class "MAT397-1 INTERNET VE HTML P." 1.68 % class "MAT437-1 MAT.ÖĞRTM.YNT(SA)" 1.15 % class "MAT406-1 MATEMATIKTE SEÇME K" 1.05 %
2	NOT < 51,5	MAT296-1 TEMEL BILGI TEKNLJ.	94.7	2.72	39.9 %	class "MAT273-1 ANALITIK GEOMETRI I" 3.62 % class "MAT152-1 SOYUT MATEMATIK II" 3.09 % class "MAT162-1 LINEER CEBIR II" 1.32 %

						class "MAT172-1 ANALIZ II" 2.24 % class "MAT254-1 OLASILI VE ISTATI.I" 2.3 % class "TAR102-1 ATATURK ILK.VE IN.I" 1.45 % class "MAT253-1 OLASILIK VE IST.I" 2.9 % class "MAT263-1 GENEL TOPOLOJI I" 1.97 % class "MAT283-1 ILERI ANALIZ I" 2.57 % class "MAT293-1 DIFRANSIYEL DENKLEM" 3.29 % class "MAT296-1 TEMEL BILGI TEKNLJ." 5.27 % class "MAT487-1 C-PROGRAMLAMA DILI" 2.44 % "MAT396-1 BASIC PROGRAMLAMA" 0.132 % class "MAT395-1 PROGRAMLAMAYA GIRIŞ" 0.132 % class "MAT398-1 OFIS PROGRAMLAMA" 1.97 % class "MAT488-1 VERI TABANI" 1.84 % class "MAT397-1 INTERNET VE HTML P." 2.96 % class "MAT406-1 MATEMATIKTE SEÇME K" 1.38 %
3	NOT < 50,5	MAT296-1 TEMEL BILGI TEKNLJ.	94.2	2.72	28.9 %	class "MAT273-1 ANALITIK GEOMETRI I" 2.72 % class "MAT152-1 SOYUT MATEMATIK II" 2.9 % class "MAT162-1 LINEER CEBIR II" 1.72 % class "MAT172-1 ANALIZ II" 1.27 %

						class "MAT254-1 OLASILI VE ISTATI.I" 2.63 % class "MAT296-1 TEMEL BILGI TEKNLJ." 5.8 % class "MAT487-1 C-PROGRAMLAMA DILI" 2.54 % class "MAT406-1 MATEMATIKTE SEÇME K" 1.45 %
3	NOT >=50,5	MAT273-1 ANALITIK GEOMETRI I	94	2.72	10.9 %	class "MAT273-1 ANALITIK GEOMETRI I" 6.01 % class "MAT152-1 SOYUT MATEMATIK II" 3.61 % class "MAT162-1 LINEER CEBIR II" 0.24 % class "MAT172-1 ANALIZ II" 4.81 % class "MAT254-1 OLASILI VE ISTATI.I" 1.44 % class "MAT296-1 TEMEL BILGI TEKNLJ." 3.85 % class "MAT151-1 SOYUT MATEMATIK I" 4.09 %
2	NOT >=51,5	FIZ111-1 TEMEL FIZIK I	95.1	2.72	60.1 %	class "MAT273-1 ANALITIK GEOMETRI I" 2.18 % class "MAT152-1 SOYUT MATEMATIK II" 1.7 % class "MAT162-1 LINEER CEBIR II" 1.79 % class "MAT172-1 ANALIZ II" 3.14 % class "MAT254-1 OLASILI VE ISTATI.I" 1.66 % class "MAT296-1 TEMEL BILGI TEKNLJ." 1.13 % class "MAT161-1 LINEER CEBIR I" 1.44 % class "MAT487-1 C-PROGRAMLAMA DILI" 0.262 % class "MAT182-1 TEMEL MATEMATIK II"

						0.0436 % class "MAT477-1 UYGULAMALI MAT.I" 1.35 % class "MAT398-1 OFIS PROGRAMLAMA" 3.23 % class "MAT488-1 VERI TABANI" 0.698 % class "MAT366-1 class "MAT365-1 SOY.CEB.VE SAY.TEO." 2.49 % class "MAT397-1 INTERNET VE HTML P." 0.829 % class "MAT406-1 MATEMATIKTE SEÇME K" 0.829 %
3	NOT < 74,5	TUR101-1 TURK DILI VE KOM.I	95.4	2.72	53.5 %	class "MAT273-1 ANALITIK GEOMETRI I" 2.35 % class "MAT152-1 SOYUT MATEMATIK II" 1.81 % class "MAT162-1 LINEER CEBIR II" 1.76 % class "MAT172-1 ANALIZ II" 3.33 % class "MAT254-1 OLASILI VE ISTATI.I" 1.47 % class "TAR102-1 ATATURK ILK.VE IN.I" 4.36 % class "MAT253-1 OLASILIK VE IST.I" 3.09 % class "MAT296-1 TEMEL BILGI TEKNLJ." 1.23 % class "MAT161-1 LINEER CEBIR I" 1.42 % class "ING101-1 INGILIZCE I" 2.11 % class "MAT151-1 SOYUT MATEMATIK I" 4.51 % class "MAT487-1 C-PROGRAMLAMA DILI" 0.294 % class "MAT182-1 TEMEL MATEMATIK II"

						0.049 % class "MAT398-1 OFIS PROGRAMLAMA" 3.53 % class "MAT488-1 VERI TABANI" 0.784 % class "MAT366-1 SOY.CEB.VE SAY.T.II" 1.32 %
4	NOT < 53,5	N/A	0	1	12.8 %	class "MAT273-1 ANALITIK GEOMETRI I" 3.89 % class "MAT152-1 SOYUT MATEMATIK II" 3.28 % class "MAT162-1 LINEER CEBIR II" 1.02 % class "MAT172-1 ANALIZ II" 2.05 % class "MAT254-1 OLASILI VE ISTATI.I" 1.02 % class "TAR102-1 ATATURK ILK.VE IN.I" 4.1 % class "MAT253-1 OLASILIK VE IST.I" 2.05 % class "MAT263-1 GENEL TOPOLOJI I" 3.69 % class "MAT283-1 ILERI ANALIZ I" 1.43 % class "MAT293-1 DIFRANSIYEL DENKLEM" 3.07 % class "MAT264-1 GENEL TOPOLOJI II" 1.43 % class "MAT274-1 ANALITIK GEOMETRI I" 4.71 % class "MAT284-1 ILERI ANALIZ II" 2.05 % class "MAT294-1 DIF.DENKLEMLER II" 1.84 % class "MAT296-1 TEMEL BILGI TEKNLJ." 1.23 % class "MAT161-1 LINEER CEBIR I" 0.615 %

						class "ING101-1 INGILIZCE I" 1.84 % class "MAT151-1 SOYUT MATEMATIK I" 4.3 % class "TAR101-1 ATATURK ILK.VE.INK." 5.74 % class "MAT487-1 C-PROGRAMLAMA DILI" 0.615 % class "MAT396-1 BASIC PROGRAMLAMA" 0.205 % class "MAT398-1 OFIS PROGRAMLAMA" 1.43 % class "MAT478-1 UYG.MATEMATIK II" 0.205 % class "MAT488-1 VERI TABANI" 0.615 % class "MAT366-1 SOY.CEB.VE SAY.T.II" 2.66 % class "MAT365-1 SOY.CEB.VE SAY.TEO." 5.74 % class "MAT397-1 INTERNET VE HTML P." 0.82 %
4	NOT>=53,5	TUR101-1 TURK DILI VE KOM.I	94.8	2.72	40.7 %	class "MAT273-1 ANALITIK GEOMETRI I" 1.87 % class "MAT152-1 SOYUT MATEMATIK II" 1.35 % class "MAT162-1 LINEER CEBIR II" 2 % class "MAT172-1 ANALIZ II" 3.74 % class "MAT254-1 OLASILI VE ISTATI.I" 1.61 % class "MAT274-1 ANALITIK GEOMETRI I" 2.58 % class "MAT284-1 ILERI ANALIZ II" 3.29 % class "MAT294-1

						DIF.DENKLEMLER II" 1.8 % class "MAT296-1 TEMEL BILGI TEKNLJ." 1.22 % class "MAT161-1 LINEER CEBIR I" 1.68 % class "ING101-1 INGILIZCE I" 2.19 % class "MAT151-1 SOYUT MATEMATIK I" 4.57 % class "TAR101-1 ATATURK ILK.VE.INK." 3.8 % class "MAT487-1 C-PROGRAMLAMA DILI" 0.193 % class "MAT385-1 REEL ANALIZ I" 1.8 % class "MAT457-1 FONKSIYONEL ANALIZ" 0.387 % class "MAT336-1 MATEMATIKSEL IST." 0.773 % class "MAT398-1 OFIS PROGRAMLAMA" 4.19 % class "MAT478-1 UYG.MATEMATIK II" 0.902 % class "MAT488-1 VERI TABANI" 0.838 % class "MAT397-1 INTERNET VE HTML P." 0.966 % class "MAT437-1 MAT.ÖĞRTM.YNT(SA)" 1.93 % class "MAT406-1 MATEMATIKTE SEÇME K" 0.644 %
3	NOT >=74,5	FIZ111-1 TEMEL FIZIK I	76.6	2.72	6.61 %	class "MAT273-1 ANALITIK GEOMETRI I" 0.794 % class "MAT152-1 SOYUT MATEMATIK II" 0.794 % class "MAT162-1 LINEER class "MAT296-1 TEMEL

						BILGI TEKNLJ." 0.397 % class "MAT398-1 OFIS PROGRAMLAMA" 0.794 % class "MAT365-1 SOY.CEB.VE SAY.TEO." 0.397 % class "MAT406-1 MATEMATIKTE SEÇME K" 1.59 %

LR_not

Prediction rule found:
NOT = +56.7361 -2.84519*if(CINS='CINS:[1]',1,0) +3.71466*if(DERS='DERS:[MAT162-1 LINEER CEBIR II]',1,0) +3.21891*if(DERS='DERS:[MAT172-1 ANALIZ II]',1,0) +2.55624*if(DERS='DERS:[MAT254-1 OLASILI VE ISTATI.I]',1,0) +4.18494*if(DERS='DERS:[TAR102-1 ATATURK ILK.VE IN.I]',1,0) +1.76178*if(DERS='DERS:[MAT253-1 OLASILIK VE IST.I]',1,0) +4.31212*if(DERS='DERS:[MAT263-1 GENEL TOPOLOJI I]',1,0) +2.17331*if(DERS='DERS:[MAT284-1 ILERI ANALIZ II]',1,0) +1.56012*if(DERS='DERS:[MAT294-1 DIF.DENKLEMLER II]',1,0) -2.68091*if(DERS='DERS:[MAT296-1 TEMEL BILGI TEKNLJ.]',1,0) +2.46946*if(DERS='DERS:[MAT161-1 LINEER CEBIR I]',1,0) +9.32897*if(DERS='DERS:[ING101-1 INGILIZCE I]',1,0) +3.64270*if(DERS='DERS:[MAT151-1 SOYUT MATEMATIK I]',1,0) +4.07874*if(DERS='DERS:[TAR101-1 ATATURK ILK.VE.INK.]',1,0) +7.71197*if(DERS='DERS:[FIZ112-1 TEMEL FIZIK II]',1,0) +5.28495*if(DERS='DERS:[ING102-1 INGILIZCE II.]',1,0) +3.91621*if(DERS='DERS:[TUR102-1 TURK DILI VE KOMP.I]',1,0) +19.2702*if(DERS='DERS:[FIZ111-1 TEMEL FIZIK I]',1,0) +5.97268*if(DERS='DERS:[TUR101-1 TURK DILI VE KOM.I]',1,0) +1.82031*if(DERS='DERS:[MAT356-1 KISMI DIF.DENKLEMLE]',1,0) +1.18312*if(DERS='DERS:[MAT376-1 KOMP.FONKSIYONLAR I]',1,0) +3.44707*if(DERS='DERS:[MAT335-1 MATEMATIKSEL IST.I]',1,0) +3.32117*if(DERS='DERS:[MAT355-1 KISMI DIF.DENK.]',1,0) -1.14159*if(DERS='DERS:[MAT386-1 REEL ANALIZ II]',1,0) +3.52860*if(DERS='DERS:[MAT398-1 OFIS PROGRAMLAMA]',1,0) +0.969851*if(DERS='DERS:[MAT365-1 SOY.CEB.VE SAY.TEO.]',1,0) -2.04458*if(DERS='DERS:[MAT397-1 INTERNET VE HTML P.]',1,0)

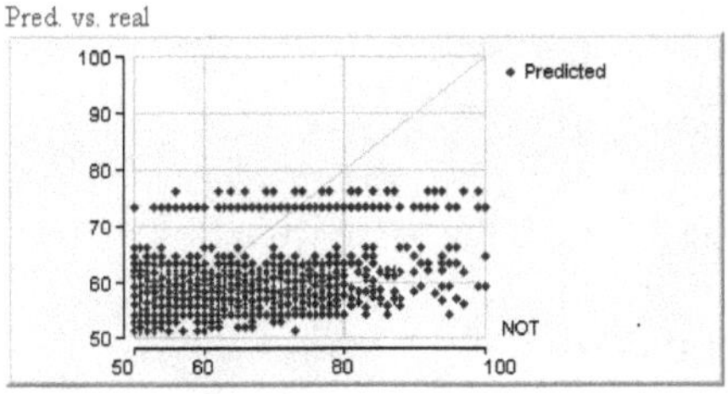

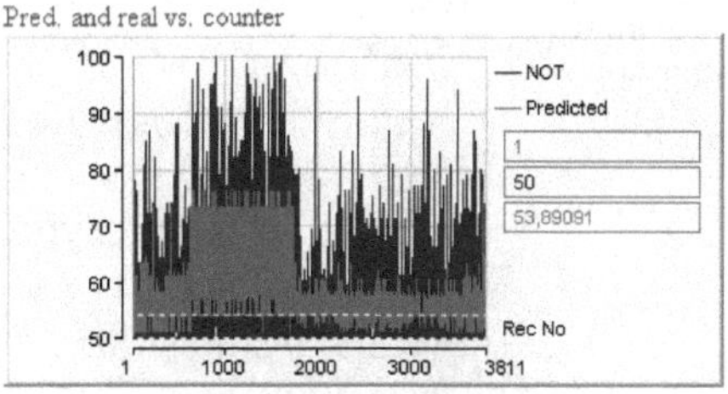

Best significant rule found:
NOT = 69.3531 *if('DERS:"FIZ111-1 TEMEL FIZIK I"' = DERS,1 ,0.81961)

Best exact rule found:
NOT = 95.0128 *if('DERS:"FIZ111-1 TEMEL FIZIK I"' = DERS,1 ,0.81961)-21.2061

Result rule:
(58.8795 +if(CINS='CINS:"1"',1,0)*(-2.89825) +if(DERS='DERS:"FIZ111-1 TEMEL FIZIK I"',1,0)*(17.1678))

10.2. Fizik Bölümü

The dataset contains 3 attributes and 2889 records.

Numerical and integer attributes:	Values	Mean	Std.Dev	Min	Max	Range	Median	Mode	Diff.values
"NOT"	2889	60.6	11.07	50	100	50	57		

Categorical attributes:	Values	Mode	Diff.values,	%
CINS	2889		2	
		1	2246	77.74%
		2	643	22.26%
DERS	2889		64	
		MAT113-1 ANALIZ I.	127	4.396%
		TUR101-1 TURK DILI VE KOM.I	122	4.223%
		ING101-1 INGILIZCE I	120	4.154%
		FIZ155-1 MEKANIK I LAB.	119	4.119%
		ING102-1 INGILIZCE II.	109	3.773%
		FIZ115-1 MEKANIK I.	106	3.669%
		FIZ156-1 MEKANIK LAB II	105	3.634%
		FIZ214-1 MODERN FIZIK	104	3.6%
		TAR101-1 ATATURK ILK.VE.INK.	98	3.392%

Categorical attributes:	Values	Mode	Diff.values,	%
		TAR102-1 ATATURK ILK.VE IN.I	95	3.288%
		FIZ212-1 DALGALAR VE OPT.	86	2.977%
		TUR102-1 TURK DILI VE KOMP.I	85	2.942%
		FIZ251-1 ELEKTRIK VE.MAG.LAB	84	2.908%
		FIZ215-1 FIZIKSEL MATEMATIK	83	2.873%
		FIZ213-1 DIFERANSIYEL DENK.	76	2.631%
		FIZ216-2 FIZIKSEL MAT.II	74	2.561%
		FIZ316-1 FIZ.MAT.METOTLARI	74	2.561%
		FIZ252-1 DALGALAR VE OPT LAB	73	2.527%
		FIZ116-1 MEKANIK II	69	2.388%
		MAT114-1 ANALIZ II	65	2.25%
		FIZ353-1 ELEKTRONIK LAB.	64	2.215%
		FIZ311-1 KUANTUM FIZIGI I	60	2.077%
		FIZ218-1 PROGRAMLAMAYA GIRIS	57	1.973%
		FIZ313-1 ELEKTRONIK	57	1.973%
		FIZ318-1 KLASIK MEKANIK	55	1.904%
		KIM114-1 TEMEL KIMYA II	55	1.904%
		FIZ211-1 ELEKTIRIK VE MANYET	55	1.904%
		FIZ312-2 KUANT.FIZ.II	53	1.835%
		KIM113-1 TEMEL KIMYA I.	53	1.835%
		FIZ317-1 ELEKTROMAGNETIK TEO	53	1.835%
		FIZ354-1 IST.F.VE TERM.LAB	50	1.731%
		FIZ217-1 PROGRAMLAMAYA GIRIS	42	1.454%
		FIZ315-1 FIZIGIN MAT.MET I	42	1.454%

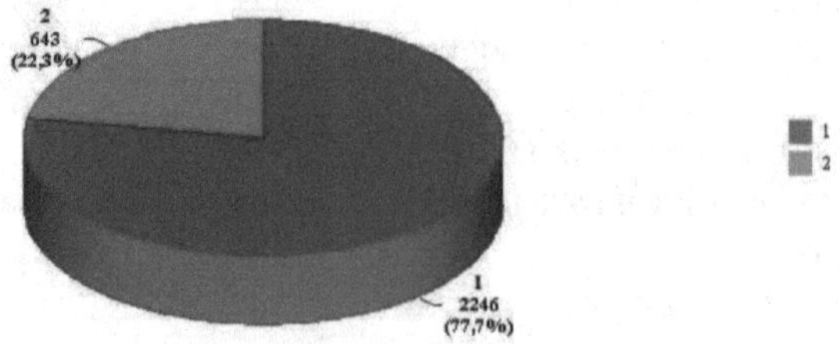

DERS\CINS	2	1
FIZ213-1 DIFERANSIYEL DENK.		
pred.value	79.1	64.51
points(cell)	25	51
std.err(cell)	126.2	109.6
points(subpop)	20	0
std.err(subpop)	101	--
FIZ215-1 FIZIKSEL MATEMATIK		
pred.value	57.5	53.15
points(cell)	26	57
std.err(cell)	67.71	63.17
points(subpop)	0	47
std.err(subpop)	--	27.89
FIZ251-1 ELEKTRIK VE.MAG.LAB		
pred.value	69.72	58.21
points(cell)	26	58
std.err(cell)	81.31	79.96
points(subpop)	25	0
std.err(subpop)	74.87	--
MAT113-1 ANALIZ I.		
pred.value	60.9	56.55
points(cell)	29	98
std.err(cell)	107.6	77.17
points(subpop)	0	0
std.err(subpop)	--	--
FIZ115-1 MEKANIK I.		
pred.value	57	57.06
points(cell)	19	87
std.err(cell)	92.32	67.43
points(subpop)	0	0
std.err(subpop)	--	--
TAR101-1 ATATURK ILK.VE.INK.		
pred.value	60.88	51.95
points(cell)	17	81
std.err(cell)	111.2	80.37
points(subpop)	0	57
std.err(subpop)	--	16.7

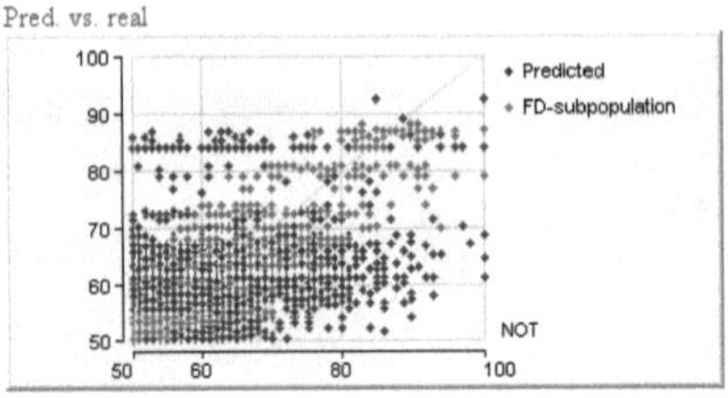

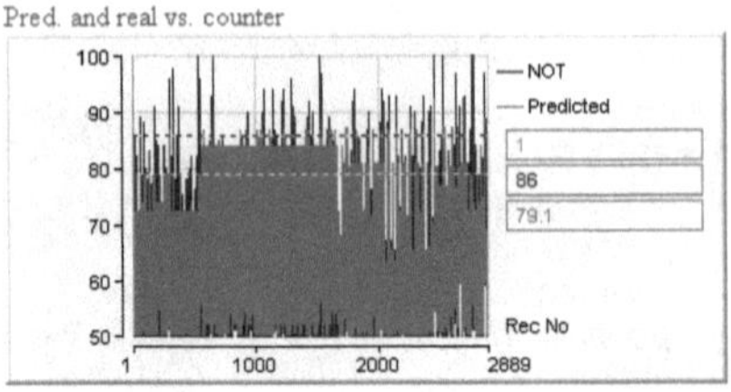

LR-Not

Prediction rule found:
NOT = +64.2622 +5.03204*if(CINS='CINS:[2]',1,0) +1.96405*if(DERS='DERS:[FIZ213-1 DIFERANSIYEL DENK.]',1,0) -9.58554*if(DERS='DERS:[FIZ215-1 FIZIKSEL MATEMATIK]',1,0) -4.28407*if(DERS='DERS:[FIZ251-1 ELEKTRIK VE.MAG.LAB]',1,0) - 7.86799*if(DERS='DERS:[MAT113-1 ANALIZ I.]',1,0) -8.11705*if(DERS='DERS:[FIZ115-1 MEKANIK I.]',1,0) -8.10454*if(DERS='DERS:[TAR101-1 ATATURK ILK.VE.INK.]',1,0) - 9.84892*if(DERS='DERS:[FIZ116-1 MEKANIK II]',1,0) +4.76963*if(DERS='DERS:[FIZ252-1 DALGALAR VE OPT LAB]',1,0) -12.5768*if(DERS='DERS:[MAT114-1 ANALIZ II]',1,0) - 12.7408*if(DERS='DERS:[FIZ211-1 ELEKTIRIK VE MANYET]',1,0) - 2.45798*if(DERS='DERS:[FIZ212-1 DALGALAR VE OPT.]',1,0) - 11.9049*if(DERS='DERS:[FIZ214-1 MODERN FIZIK]',1,0) -11.5019*if(DERS='DERS:[FIZ216-2 FIZIKSEL MAT.II]',1,0) -6.27349*if(DERS='DERS:[FIZ218-1 PROGRAMLAMAYA GIRIS]',1,0) - 9.97949*if(DERS='DERS:[KIM114-1 TEMEL KIMYA II]',1,0) - 13.7436*if(DERS='DERS:[KIM113-1 TEMEL KIMYA I.]',1,0) - 8.18444*if(DERS='DERS:[TAR102-1 ATATURK ILK.VE IN.I]',1,0) - 9.23901*if(DERS='DERS:[FIZ353-1 ELEKTRONIK LAB.]',1,0) +2.08268*if(DERS='DERS:[ING101-1 INGILIZCE I]',1,0) -6.65822*if(DERS='DERS:[FIZ156-1 MEKANIK LAB II]',1,0) -2.01066*if(DERS='DERS:[ING102-1 INGILIZCE II.]',1,0) - 5.06903*if(DERS='DERS:[TUR102-1 TURK DILI VE KOMP.I]',1,0) - 10.9375*if(DERS='DERS:[FIZ311-1 KUANTUM FIZIGI I]',1,0) - 9.30464*if(DERS='DERS:[FIZ313-1 ELEKTRONIK]',1,0) -2.99934*if(DERS='DERS:[FIZ316-1 FIZ.MAT.METOTLARI]',1,0) -9.21532*if(DERS='DERS:[FIZ312-2 KUANT.FIZ.II]',1,0)

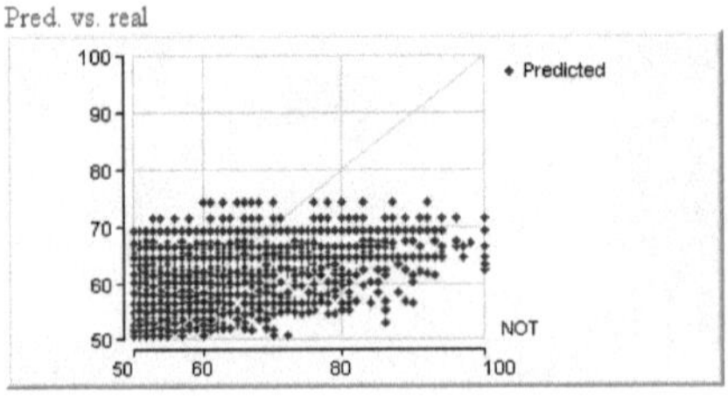

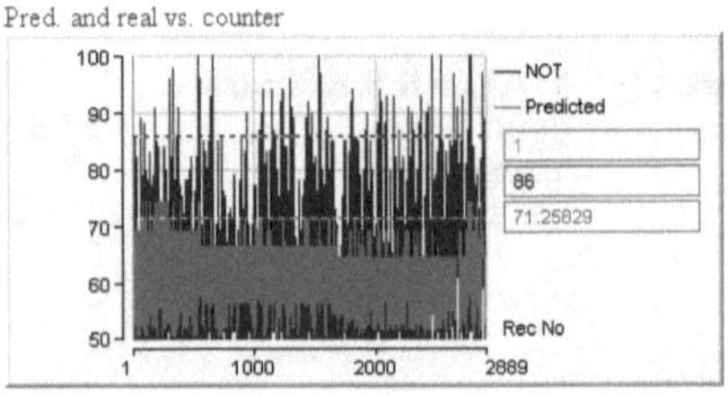

real/pred	"2"	"1"	Undefined
"2"	0	643	0
"1"	0	2246	0

Node Level	Node	Decision	Classification errors	p-value	Number of records	Classes count
1	Root	1	22.3	1	2889 (100 %)	class "2" 643 (22.3 %) class "1" 2246 (77.7 %)
2	NOT < 75.5	1	19.4	2.72	2525 (87.4 %)	class "2" 490 (19.4 %) class "1" 2035 (80.6 %)
2	NOT >=75.5	1	42	1	364 (12.6 %)	class "2" 153 (42 %) class "1" 211 (58 %)

Node Level	Node	Decision	Classification errors	p-value	Number of records	Classes count
1	Root	MAT113-1 ANALIZ I.	95.6	1	2889 (100 %)	class "FIZ213-1 DIFERANSIYEL DENK." 76 (2.63 %) class "FIZ215-1 FIZIKSEL MATEMATIK" 83 (2.87 %) class "FIZ251-1 ELEKTRIK VE.MAG.LAB" 84 (2.91 %) class "MAT113-1 ANALIZ I." 127 (4.4 %) class "FIZ115-1 MEKANIK I." 106 (3.67 %) class "TAR101-1 ATATURK ILK.VE.INK." 98 (3.39 %) class "FIZ116-1 MEKANIK II" 69 (2.39 %) class "FIZ252-1 DALGALAR VE OPT LAB" 73 (2.53 %) class "MAT114-1 ANALIZ II" 65 (2.25 %) class "FIZ211-1 ELEKTIRIK VE MANYET" 55 (1.9 %) class "FIZ217-1 PROGRAMLAMAYA GIRIS" 42 (1.45 %) class "FIZ212-1 DALGALAR VE OPT." 86 (2.98 %) class "FIZ214-1 MODERN FIZIK" 104 (3.6 %) class "FIZ216-2 FIZIKSEL MAT.II" 74 (2.56 %) class "FIZ218-1 PROGRAMLAMAYA GIRIS" 57 (1.97 %) class "KIM114-1 TEMEL KIMYA II" 55 (1.9 %) class "KIM113-1 TEMEL

						KIMYA I." 53 (1.83 %) class "TUR101-1 TURK DILI VE KOM.I" 122 (4.22 %) class "TAR102-1 ATATURK ILK.VE IN.I" 95 (3.29 %) class "FIZ353-1 ELEKTRONIK LAB." 64 (2.22 %) class "FIZ155-1 MEKANIK I LAB." 119 (4.12 %) class "ING101-1 INGILIZCE I" 120 (4.15 %) class "FIZ156-1 MEKANIK LAB II" class "FIZ401-2 TERMODINAMIK" 1 (0.0346 %) class "FIZ405-2 ATOM VE ÇEK.FIZ.I." 1 (0.0346 %) class "FIZ409-1 KATIHAL FIZIGI I" 1 (0.0346 %) class "FIZ421-1 ATOM VE ÇEK.FIZ.ALG" class "FIZ424-1 TEMEL PARÇACIKLAR" 9 (0.312 %)
2	NOT < 55.5	FIZ214-1 MODERN FIZIK	93.5	2.72	1279 (44.3 %)	class "FIZ213-1 DIFERANSIYEL DENK." 18 (1.41 %) class "FIZ215-1 FIZIKSEL MATEMATIK" 48 (3.75 %) class "FIZ251-1 ELEKTRIK VE.MAG.LAB" 31 (2.42 %) class "MAT113-1 ANALIZ I." 78 (6.1 %) class "FIZ115-1 MEKANIK I." 66 (5.16 %) class "TAR101-1 ATATURK ILK.VE.INK." 62 (4.85 %) class "FIZ116-1 MEKANIK II" 44 (3.44 %) class "FIZ252-1 DALGALAR VE OPT LAB" 5 (0.391 %) class "MAT114-1 ANALIZ II" 52 (4.07 %) class "FIZ211-1 ELEKTIRIK VE MANYET" 45 (3.52 %) class "FIZ217-1 PROGRAMLAMAYA GIRIS" 13 (1.02 %)
3	NOT >=50.5	FIZ115-1 MEKANIK I.	92.2	2.72	790 (27.3 %)	class "FIZ213-1 DIFERANSIYEL DENK." 15 (1.9 %) class "FIZ215-1 FIZIKSEL

						MATEMATIK" 33 (4.18 %) class "FIZ251-1 ELEKTRIK VE.MAG.LAB" 22 (2.78 %) class "MAT113-1 ANALIZ I." 42 (5.32 %) class "FIZ115-1 MEKANIK I." 62 (7.85 %) class "TAR101-1 ATATURK ILK.VE.INK." 43 (5.44 %) class "FIZ116-1 MEKANIK II" 39 (4.94 %) class "FIZ252-1 DALGALAR VE OPT LAB" 4 (0.506 %) class "MAT114-1 ANALIZ II" 11 (1.39 %) class "FIZ211-1 ELEKTIRIK VE MANYET" 13 (1.65 %) class "FIZ217-1 PROGRAMLAMAYA GIRIS" 7 (0.886 %) class "FIZ212-1 DALGALAR VE OPT." 20 (2.53 %) class "FIZ214-1 MODERN FIZIK" 37 (4.68 %) class "FIZ216-2 FIZIKSEL MAT.II" 41 (5.19 %) class "FIZ218-1 PROGRAMLAMAYA GIRIS" 21 (2.66 %) class "KIM114-1 TEMEL KIMYA II" 13 (1.65 %) class "KIM113-1 TEMEL KIMYA I." 9 (1.14 %) class "TUR101-1 TURK DILI VE KOM.I" 13 (1.65 %) class "TAR102-1 ATATURK ILK.VE IN.I" 42 (5.32 %) class "FIZ353-1 ELEKTRONIK LAB." 22 (2.78 %) class "FIZ313-1 ELEKTRONIK" 23 (2.91 %) class "FIZ315-1 FIZIGIN MAT.MET I" 16 (2.03 %) class "FIZ317-1 ELEKTROMAGNETIK TEO" 9 (1.14 %) class "FIZ316-1 FIZ.MAT.METOTLARI" 14 (1.77 %) class "FIZ318-1 KLASIK MEKANIK" 13 (1.65 %) class "FIZ312-2 KUANT.FIZ.II" 20 (2.53 %)

						class "FIZ314-1 IST.FIZ.VE TER" 10 (1.27 %) class "MAT213-1 PROGRAMLAMAYA GIRIS" 4 (0.506 %) class "FIZ418-2 MANYETIK REZ.GÖR." 1 (0.127 %)
4	NOT >=52.5	MAT113-1 ANALIZ I.	92.1	2.72	355 (12.3 %)	class "FIZ213-1 DIFERANSIYEL DENK." 10 (2.82 %) class "FIZ215-1 FIZIKSEL MATEMATIK" 12 (3.38 %) class "FIZ251-1 ELEKTRIK VE.MAG.LAB" 11 (3.1 %) class "MAT113-1 ANALIZ I." 28 (7.89 %) class "FIZ115-1 MEKANIK I." 21 (5.92 %) class "TAR101-1 ATATURK ILK.VE.INK." 17 (4.79 %) class "FIZ116-1 MEKANIK II" 8 (2.25 %) class "FIZ252-1 DALGALAR VE OPT LAB" 3 (0.845 %) class "MAT114-1 ANALIZ II" 4 (1.13 %) class "FIZ211-1 ELEKTIRIK VE MANYET" 6 (1.69 %) class "FIZ217-1 PROGRAMLAMAYA GIRIS" 1 (0.282 %) class "FIZ212-1 DALGALAR VE OPT." 15 (4.23 %) class "FIZ316-1 FIZ.MAT.METOTLARI" 9 (2.54 %) class "FIZ318-1 KLASIK MEKANIK" 8 (2.25 %) class "FIZ312-2 KUANT.FIZ.II" 10 (2.82 %) class "FIZ314-1 IST.FIZ.VE TER" 3 (0.845 %) class "MAT213-1 PROGRAMLAMAYA GIRIS" 3 (0.845 %) class "FIZ411-2 ATOM VE ÇEK.FIZ-" 1 (0.282 %) class "EB 301-1 EGITIMDE ÖLÇ.VE DEG" 1 (0.282 %) class "EB 403-1 TURK EGITIM TARIHI" 1 (0.282 %) class "FIZ452-1 KUANTUM FIZ.LAB." 3 (0.845 %)

						class "FIZ413-2 KATIHAL FIZIGI" 5 (1.41 %) class "FIZ453-2 KATIHAL FIZ.LAB." 2 (0.563 %) class "FIZ412-2 ATOM VE ÇEK.FIZIGI" 4 (1.13 %) class "FIZ414-1 KATIHAL FIZIGI-II" 1 (0.282 %) class "FIZ418-2 MANYETIK REZ.GÖR." 1 (0.282 %)
3	NOT < 70.5	FIZ155-1 MEKANIK I LAB.	93	2.72	1074 (37.2 %)	class "FIZ213-1 DIFERANSIYEL DENK." 26 (2.42 %) class "FIZ215-1 FIZIKSEL MATEMATIK" 29 (2.7 %) class "FIZ251-1 ELEKTRIK VE.MAG.LAB" 39 (3.63 %) class "MAT113-1 ANALIZ I." 34 (3.17 %) class "FIZ115-1 MEKANIK I." 31 (2.89 %) class "TAR101-1 ATATURK ILK.VE.INK." 25 (2.33 %) class "FIZ116-1 MEKANIK II" 23 (2.14 %) class "FIZ252-1 DALGALAR VE OPT LAB" 33 (3.07 %) class "MAT114-1 ANALIZ II" 13 (1.21 %) class "FIZ211-1 ELEKTIRIK VE MANYET" 10 (0.931 %) class "FIZ217-1 PROGRAMLAMAYA GIRIS" 15 (1.4 %) class "FIZ212-1 DALGALAR VE OPT." 45 (4.19 %) class "FIZ214-1 MODERN FIZIK" 16 (1.49 %) class "FIZ216-2 FIZIKSEL MAT.II" 15 (1.4 %) class "FIZ218-1 PROGRAMLAMAYA GIRIS" 12 (1.12 %) class "KIM114-1 TEMEL KIMYA II" 14 (1.3 %) class "KIM113-1 TEMEL KIMYA I." 5 (0.466 %) class "TUR101-1 TURK DILI VE KOM.I" 67 (6.24 %) class "TAR102-1 ATATURK ILK.VE IN.I" 39 (3.63 %) class "FIZ353-1 ELEKTRONIK LAB." 31 (2.89 %)

						class "FIZ155-1 MEKANIK I LAB." 75 (6.98 %) class "ING101-1 INGILIZCE I" 40 (3.72 %) class "FIZ156-1 MEKANIK LAB II" 64 (5.96 %) class "ING102-1 INGILIZCE II." 41 (3.82 %) class "TUR102-1 TURK DILI VE KOMP.I" 43 (4 %) class "ALM101-1 ALMANCA I" 2 (0.186 %) class "FIZ311-1 KUANTUM FIZIGI I" 14 (1.3 %) class "FIZ313-1 ELEKTRONIK" 15 (1.4 %) class "FIZ315-1 FIZIGIN MAT.MET I" 20 (1.86 %) class "FIZ317-1 ELEKTROMAGNETIK TEO" 24 (2.23 %) class "FIZ316-1 FIZ.MAT.METOTLARI" 43 (4 %) class "FIZ318-1 KLASIK MEKANIK" 28 (2.61 %) class "FIZ414-1 KATIHAL FIZIGI-II" 16 (1.49 %) class "FIZ423-1 TEMEL PARÇACIKLAR F" 5 (0.466 %) class "FIZ424-1 TEMEL PARÇACIKLAR" 3 (0.279 %)
4	NOT >=79.5	FIZ354-1 IST.F.VE TERM.LAB	85.7	2.72	245 (8.48 %)	class "FIZ213-1 DIFERANSIYEL DENK." 17 (6.94 %) class "FIZ251-1 ELEKTRIK VE.MAG.LAB" 6 (2.45 %) class "MAT113-1 ANALIZ I." 7 (2.86 %) class "FIZ115-1 MEKANIK I." 2 (0.816 %) class "TAR101-1 ATATURK ILK.VE.INK." 3 (1.22 %) class "FIZ116-1 MEKANIK II" 1 (0.408 %) class "FIZ252-1 DALGALAR VE OPT LAB" 23 (9.39 %) class "FIZ217-1 PROGRAMLAMAYA GIRIS" 4 (1.63 %) class "FIZ318-1 KLASIK MEKANIK" 12 (4.9 %)

						class "FIZ354-1 IST.F.VE TERM.LAB" 35 (14.3 %) class "FIZ424-1 TEMEL PARÇACIKLAR" 2 (0.816 %)

Result rule:
(63.8234 +if(CINS='CINS:"1"',1,0)*(-4.46342) +if(DERS='DERS:"FIZ252-1 DALGALAR VE OPT LAB"',1,0)*(9.83546))

10.3. Biyoloji Bölümü

The dataset contains 3 attributes and 5653 records.

Numerical and integer attributes:	Values	Mean	Std.Dev	Min	Max	Range	Median	Mode	Diff.values
"NOT"	5653	63.03	12.43	50	100	50	60		

Categorical attributes:	Values	Mode	Diff.values,	%
CINS	5653		2	
		1	3926	69.45%
		2	1727	30.55%
DERS	5653		86	
		BIY219-1 BITKI MORF.VE SIST.	145	2.565%
		TAR102-1 ATATURK ILK.VE IN.I	138	2.441%
		TUR101-1 TURK DILI VE KOM.I	132	2.335%
		FIZ122-1 TEMEL FIZIK II	121	2.14%
		FIZ121-1 TEMEL FIZIK I	120	2.123%
		BIY151-1 GENEL BIYOLOJI I LB	120	2.123%
		TAR101-1 ATATURK ILK.VE.INK.	119	2.105%
		BIY262-1 BITKI ANATOMISI LAB	114	2.017%
		BIY263-1 BITKI MORF.VE SIS.L	114	2.017%
		BIY251-1 SITOLOJI LABORATUAR	110	1.946%
		BIY208-1 HISTOLOJI	110	1.946%
		BIY264-1 HAYVAN ANATOMISILAB	110	1.946%
		BIY215-1 HAY.MOR.VE SIS.	109	1.928%
		BIY113-1 BIYOMATEMATIK	108	1.91%
		KIM205-1 ORGANIK KIMYA I	106	1.875%

Categorical attributes:	Values	Mode	Diff.values,	%
		BIY101-1 GENEL BIYOLOJI I	105	1.857%
		BIY265-1 HAY.MORF.VE SIS.LAB	104	1.84%
		BIY267-1 MIKROBIYOLOJI LAB.	104	1.84%
		BIY212-1 BITKI ANATOMISI	104	1.84%
		KIM105-1 GENEL KIMYA I	104	1.84%
		ING101-1 INGILIZCE I	102	1.804%
		KIM206-1 ORGANIK KIMYA II	102	1.804%
		ING102-1 INGILIZCE II.	101	1.787%
		TUR102-1 TURK DILI VE KOMP.I	101	1.787%
		BIY258-1 HISTOLOJI LAB.	100	1.769%
		BIY118-1 TEMEL BILGISAYAR	98	1.734%
		BIY201-1 SITOLOJI	98	1.734%
		BIY152-1 GENEL BIYOLOJI II L	94	1.663%
		BIY102-1 GENEL BIYOLOJI II	91	1.61%
		BIY114-1 BIYOMATEMATIK II.	89	1.574%
		BIY115-1 BIYOLOJI TARIHI	88	1.557%
		BIY355-1 BITKI FIZYOLOJISI L	87	1.539%
		BIY305-1 BITKI FIZYOLOJISI	86	1.521%
		BIY426-1 TOH.BIT.SIST.	19	0.3361%
		BIY446-1 GEN MUHENDISLI[illegible] I	18	0.3184%
		BIY443-1 KARS.HAY.FIZYOLOJIS	18	0.3184%
		BIY442-1 [illegible] EVRE KIRLENMESI	18	0.3184%
		BIY427-1 SPORLU BIT .SIST.	18	0.3184%

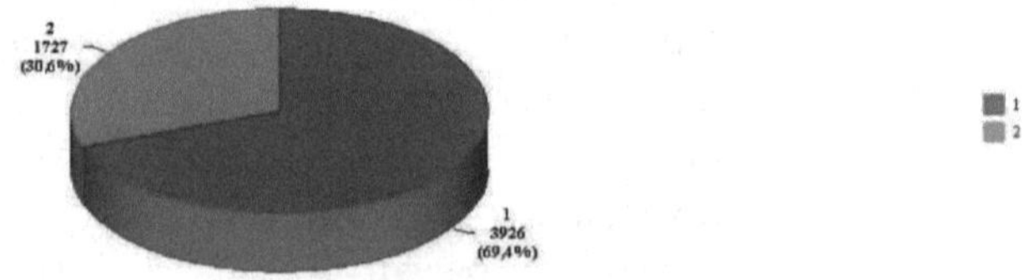

Most influencing parameters: DERS
P-value: 0
N of points obeying the dependence: 2222
std.deviation (total): 12.488936 (100.51%)
std.deviation (for FD-subpopulation): 5.856207 (43.38%)

70% of data points lay inside +-11.426826 interval of errors

90% of data points lay inside +-20.890907 interval of errors

97% of data points lay inside +-30.818184 interval of errors

DERS	BIY151-1 GENEL BIYOLOJI I LB	BIY201-1 SITOLOJI	BIY215-1 HAY. MOR. VE SIS.	BIY219-1 BITKI MORF.VE SIST.	BIY251-1 SITOLOJI LAB.	BIY263-1 BITKI MORF.VE SIS.L
pred.value *points(cell)* *std.err(cell)* *points(subpop)* *std.err(subpop)*	90.89 120 154.8 55 46.06	51.2 98 57.53 80 16.66	52 109 89.19 75 14.34	54.73 145 61.78 136 37.05	85.52 110 169.8 44 54.41	80.5 114 142.6 40 16.2

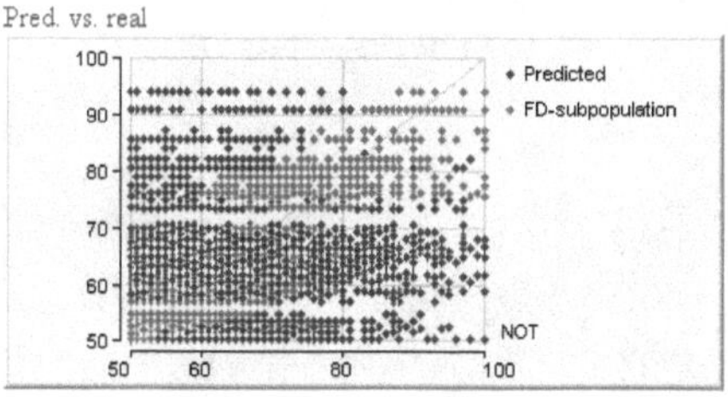

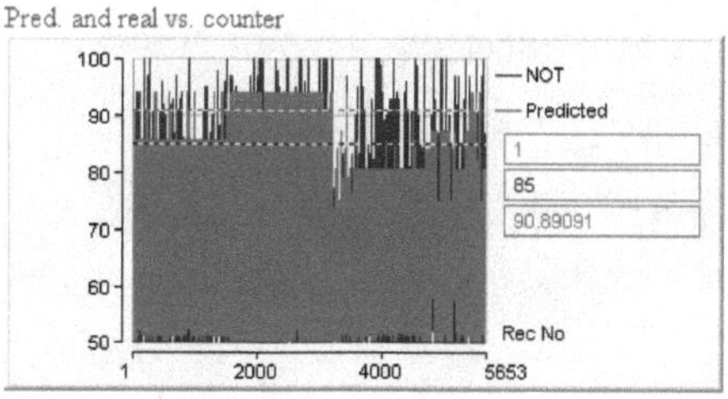

DT-CINS

The exploration has been performed on local machine.

Exploration parameters:

Argument	Value
Tree depth	1000
Minimum splitted node support	0
Node split threshold	6

Number of non-terminal nodes: 1
Number of leaves: 2
Depth of constructed tree: 1

Total classification error: 30.55%
%% of undefined prediction cases: 0.00%
Classification probability: 69.45%
Classification efficiency: 0.00%
Classification error for class "2": 100.00%
Classification error for class "1": 0.00%

real/pred	"2"	"1"	Undefined
"2"	0	1727	0
"1"	0	3926	0

Node Level	Node	Decision	Classification errors	p-value	Number of records	Classes count
1	Root	1	30.6	1	5653 (100 %)	class "2" 1727 (30.6 %) class "1" 3926 (69.4 %)
2	NOT < 70.5	1	27.9	2.72	4200 (74.3 %)	class "2" 1173 (27.9 %) class "1" 3027 (72.1 %)
2	NOT>=70.5	1	38.1	1	1453 (25.7 %)	class "2" 554 (38.1 %)

						class "1" 899 (61.9 %)

Node Level	Node	Decision	Classification errors	p-value	Number of records	Classes count
1	Root	BIY219-1 BITKI MORF.VE SIST.	97.4	1	5653 (100 %)	class "BIY151-1 GENEL BIYOLOJI I LB" 120 (2.12 %) class "BIY201-1 SITOLOJI" 98 (1.73 %) class "BIY215-1 HAY.MOR.VE SIS." 109 (1.93 %) class "BIY219-1 BITKI MORF.VE SIST." 145 (2.57 %) class "BIY251-1 SITOLOJI LABORATUAR" 110 (1.95 %) class "BIY263-1 BITKI MORF.VE SIS.L" 114 (2.02 %) class "BIY265-1 HAY.MORF.VE SIS.LAB" 104 (1.84 %) class "BIY267-1 MIKROBIYOLOJI LAB." 104 (1.84 %) class "BIY443-1 KARS.HAY.FIZYOLOJIS" 18 (0.318 %)
2	NOT < 61.5	BIY219-1 BITKI MORF.VE SIST.	96.2	2.72	3125 (55.3 %)	class "BIY151-1 GENEL BIYOLOJI I LB" 20 (0.64 %) class "BIY201-1 SITOLOJI" 88 (2.82 %) class "BIY215-1 HAY.MOR.VE SIS." 83 (2.66 %) class "BIY219-1 BITKI MORF.VE SIST." 118 (3.78 %) class "BIY251-1 SITOLOJI LABORATUAR" 38 (1.22 %) class "BIY263-1 BITKI

						MORF.VE SIS.L" 49 (1.57 %) class "BIY265-1 HAY.MORF.VE SIS.LAB" 50 (1.6 %) class "BIY267-1 MIKROBIYOLOJI LAB." 54 (1.73 %) class "BIY212-1 BITKI ANATOMISI" 50 (1.6 %) class "BIY258-1 HISTOLOJI LAB." 61 (1.95 %) class "BIY262-1 BITKI ANATOMISI LAB" 30 (0.96 %) class "BIY264-1 HAYVAN ANATOMISILAB" 51 (1.63 %) class "BIY435-1 ENZIMOLOJI" 7 (0.224 %) class "BIY443-1 KARS.HAY.FIZYOLOJIS" 12 (0.384 %)
3	NOT < 50.5	ING102-1 INGILIZCE II.	92.1	2.72	776 (13.7 %)	class "BIY151-1 GENEL BIYOLOJI I LB" 2 (0.258 %) class "BIY201-1 SITOLOJI" 54 (6.96 %) class "BIY215-1 HAY.MOR.VE SIS." 16 (2.06 %) class "BIY219-1 BITKI MORF.VE SIST." 18 (2.32 %) class "BIY251-1 SITOLOJI LABORATUAR" 8 (1.03 %) class "BIY263-1 BITKI MORF.VE SIS.L" 5 (0.644 %) class "BIY265-1 HAY.MORF.VE SIS.LAB" 10 (1.29 %) class "BIY267-1 MIKROBIYOLOJI LAB." 12 (1.55 %) class "BIY264-1 HAYVAN ANATOMISILAB" 18 (2.32 %) class "BIY443-1 KARS.HAY.FIZYOLOJIS"

						3 (0.387 %)
3	NOT >=50.5	BIY219-1 BITKI MORF.VE SIST.	95.7	2.72	2349 (41.6 %)	class "BIY151-1 GENEL BIYOLOJI I LB" 18 (0.766 %) class "BIY201-1 SITOLOJI" 34 (1.45 %) class "BIY215-1 HAY.MOR.VE SIS." 67 (2.85 %) class "BIY219-1 BITKI MORF.VE SIST." 100 (4.26 %) class "BIY251-1 SITOLOJI LABORATUAR" 30 (1.28 %) class "BIY443-1 KARS.HAY.FIZYOLOJIS" 9 (0.383 %)
4	NOT < 53.5	BIY219-1 BITKI MORF.VE SIST.	94.7	2.72	992 (17.5 %)	class "BIY151-1 GENEL BIYOLOJI I LB" 5 (0.504 %) class "BIY201-1 SITOLOJI" 13 (1.31 %) class "BIY215-1 HAY.MOR.VE SIS." 50 (5.04 %) class "BIY219-1 BITKI MORF.VE SIST." 53 (5.34 %) class "BIY251-1 SITOLOJI LABORATUAR" 8 (0.806 %) class "BIY263-1 BITKI MORF.VE SIS.L" 9 (0.907 %) class "BIY265-1 HAY.MORF.VE SIS.LAB" 17 (1.71 %) class "BIY267-1 MIKROBIYOLOJI LAB." 19 (1.92 %) class "BIY212-1 BITKI ANATOMISI" 18 (1.81 %) class "BIY258-1 HISTOLOJI LAB." 14 (1.41 %) class "BIY262-1 BITKI ANATOMISI LAB" 9 (0.907 %) class "BIY264-1 HAYVAN ANATOMISILAB"

						15 (1.51 %) class "TAR102-1 ATATURK ILK.VE IN.I" 27 (2.72 %) class "TAR101-1 ATATURK ILK.VE.INK." 33 (3.33 %) class "TUR101-1 TURK DILI VE KOM.I" 14 (1.41 %) class "BIY443-1 KARS.HAY.FIZYOLOJIS" 4 (0.403 %)
4	NOT >=53.5	BIY219-1 BITKI MORF.VE SIST.	96.5	1	1357 (24 %)	class "BIY151-1 GENEL BIYOLOJI I LB" 13 (0.958 %) class "BIY201-1 SITOLOJI" 21 (1.55 %) class "BIY215-1 HAY.MOR.VE SIS." 17 (1.25 %) class "BIY219-1 BITKI MORF.VE SIST." 47 (3.46 %) class "BIY251-1 SITOLOJI LABORATUAR" 22 (1.62 %) class "BIY263-1 BITKI MORF.VE SIS.L" 35 (2.58 %) class "BIY265-1 HAY.MORF.VE SIS.LAB" 23 (1.69 %) class "BIY267-1 MIKROBIYOLOJI LAB." 23 (1.69 %) class "BIY212-1 BITKI ANATOMISI" 28 (2.06 %) class "BIY258-1 HISTOLOJI LAB." 29 (2.14 %) class "BIY118-1 TEMEL BILGISAYAR" 34 (2.51 %) class "BIY443-1 KARS.HAY.FIZYOLOJIS" 5 (0.368 %)
2	NOT >=61.5	BIY151-1 GENEL BIYOLOJI I LB	96	2.72	2528 (44.7 %)	class "BIY151-1 GENEL BIYOLOJI I LB" 100 (3.96 %) class "BIY201-1 SITOLOJI" 10 (0.396 %) class "BIY215-1 HAY.MOR.VE SIS."

						26 (1.03 %) class "BIY219-1 BITKI MORF.VE SIST." 27 (1.07 %) class "BIY251-1 SITOLOJI LABORATUAR" 72 (2.85 %) class "BIY263-1 BITKI MORF.VE SIS.L" 65 (2.57 %) class "BIY265-1 HAY.MORF.VE SIS.LAB" 54 (2.14 %) class "BIY267-1 MIKROBIYOLOJI LAB." 50 (1.98 %) class "ING102-1 INGILIZCE II." 27 (1.07 %) class "BIY118-1 TEMEL BILGISAYAR" 33 (1.31 %) class "BIY102-1 GENEL BIYOLOJI II" 40 (1.58 %) class "BIY114-1 BIYOMATEMATIK II." 41 (1.62 %) class "KIM105-1 GENEL KIMYA I" 20 (0.791 %) class "BIY152-1 GENEL BIYOLOJI II L" 68 (2.69 %) class "BIY305-1 BITKI class "BIY446-1 GEN MUHENDISLIĞI" 15 (0.593 %) class "BIY437-1 TOKSIKOLOJI" 8 (0.316 %) class "BIY368-1 BITKI EMB.MORF.LB.I" 66 (2.61 %) class "BIY435-1 ENZIMOLOJI" 13 (0.514 %) class "BIY443-1 KARS.HAY.FIZYOLOJIS" 6 (0.237 %)
3	NOT < 79.5	TUR101-1 TURK DILI VE KOM.I	95.5	2.72	1741 (30.8 %)	class "BIY151-1 GENEL BIYOLOJI I LB" 36 (2.07 %) class "BIY201-1 SITOLOJI" 9 (0.517 %) class "BIY215-1 HAY.MOR.VE SIS."

						21 (1.21 %) class "BIY219-1 BITKI MORF.VE SIST." 23 (1.32 %) class "BIY251-1 SITOLOJI LABORATUAR" 32 (1.84 %) class "BIY263-1 BITKI MORF.VE SIS.L" 26 (1.49 %) class "BIY265-1 HAY.MORF.VE SIS.LAB" 33 (1.9 %) class "BIY267-1 MIKROBIYOLOJI LAB." 43 (2.47 %) class "BIY435-1 ENZIMOLOJI" 11 (0.632 %) class "BIY443-1 KARS.HAY.FIZYOLOJIS" 4 (0.23 %)
3	NOT >=79.5	BIY151-1 GENEL BIYOLOJI I LB	91.9	2.72	787 (13.9 %)	class "BIY151-1 GENEL BIYOLOJI I LB" 64 (8.13 %) class "BIY201-1 SITOLOJI" 1 (0.127 %) class "BIY215-1 HAY.MOR.VE SIS." 5 (0.635 %) class "BIY219-1 BITKI MORF.VE SIST." 4 (0.508 %) class "BIY251-1 SITOLOJI LABORATUAR" 40 (5.08 %) class "BIY263-1 BITKI MORF.VE SIS.L" 39 (4.96 %) class "BIY265-1 HAY.MORF.VE SIS.LAB" 21 (2.67 %) class "BIY267-1 MIKROBIYOLOJI LAB." 7 (0.889 %) class "BIY212-1 BITKI ANATOMISI" 16 (2.03 %) class "BIY258-1 HISTOLOJI LAB." 8 (1.02 %) class "BIY262-1 BITKI ANATOMISI LAB"

						27 (3.43 %) class "BIY264-1 HAYVAN ANATOMISILAB" 27 (3.43 %) class "BIY118-1 TEMEL BILGISAYAR" 4 (0.508 %) class "BIY102-1 GENEL BIYOLOJI II" 21 (2.67 %) class "BIY114-1 BIYOMATEMATIK II." 12 (1.52 %) class "BIY424-1 PARAZITOLOJI" 1 (0.127 %) class "BIY435-1 ENZIMOLOJI" 2 (0.254 %) class "BIY443-1 KARS.HAY.FIZYOLOJIS" 2 (0.254 %)
4	NOT < 85.5	BIY263-1 BITKI MORF.VE SIS.L	91.9	2.72	432 (7.64 %)	class "BIY151-1 GENEL BIYOLOJI I LB" 22 (5.09 %) class "BIY215-1 HAY.MOR.VE SIS." 1 (0.231 %) class "BIY251-1 SITOLOJI LABORATUAR" 24 (5.56 %) class "BIY263-1 BITKI MORF.VE SIS.L" 35 (8.1 %) class "BIY265-1 HAY.MORF.VE SIS.LAB" 13 (3.01 %) class "BIY267-1 MIKROBIYOLOJI LAB." 4 (0.926 %) class "BIY212-1 BITKI ANATOMISI" 13 (3.01 %) class "BIY258-1 HISTOLOJI LAB." 6 (1.39 %) class "BIY262-1 BITKI ANATOMISI LAB" 25 (5.79 %) class "BIY264-1 HAYVAN ANATOMISILAB" 16 (3.7 %) class "TAR102-1 ATATURK ILK.VE IN.I" 6 (1.39 %) class "TAR101-1 ATATURK ILK.VE.INK." 2 (0.463 %)

						class "TUR101-1 TURK DILI VE KOM.I" 6 (1.39 %) class "BIY208-1 HISTOLOJI" 4 (0.926 %) class "KIM206-1 ORGANIK KIMYA II" 3 (0.694 %) class "KIM205-1 ORGANIK KIMYA I" 3 (0.694 %) class "ING101-1 INGILIZCE I" 4 (0.926 %) class "BIY216-1 EKOLOJISI" 5 (1.16 %) class "BIY113-1 BIYOMATEMATIK" 4 (0.926 %) class "BIY351-1 BIYOKIMYA I LAB." 12 (2.78 %) class "BIY353-1 GENETIK LAB." 1 (0.231 %) class "BIY443-1 KARS.HAY.FIZYOLOJIS" 2 (0.463 %)
4	NOT >=85.5	BIY151-1 GENEL BIYOLOJI I LB	88.2	2.72	355 (6.28 %)	class "BIY151-1 GENEL BIYOLOJI I LB" 42 (11.8 %) class "BIY201-1 SITOLOJI" 1 (0.282 %) class "BIY215-1 HAY.MOR.VE SIS." 4 (1.13 %) class "BIY219-1 BITKI MORF.VE SIST." 4 (1.13 %) class "BIY251-1 SITOLOJI LABORATUAR" 16 (4.51 %) class "BIY263-1 BITKI MORF.VE SIS.L" 4 (1.13 %) class "BIY265-1 HAY.MORF.VE SIS.LAB" 8 (2.25 %) class "BIY267-1 MIKROBIYOLOJI LAB." 3 (0.845 %) class "BIY212-1 BITKI ANATOMISI" 3 (0.845 %) class "BIY258-1 HISTOLOJI LAB." 2 (0.563 %) class "BIY262-1 BITKI ANATOMISI LAB"

							2 (0.563 %) class "BIY264-1 HAYVAN ANATOMISILAB" 11 (3.1 %) class "TAR102-1 ATATURK ILK.VE IN.I" 11 (3.1 %) class "TAR101-1 ATATURK ILK.VE.INK." 2 (0.563 %) class "TUR101-1 TURK DILI VE KOM.I" 1 (0.282 %) class "BIY208-1 HISTOLOJI" 5 (1.41 %) class "KIM206-1 ORGANIK class "BIY118-1 TEMEL BILGISAYAR" 1 (0.282 %) class "BIY102-1 GENEL BIYOLOJI II" 17 (4.79 %) class "BIY351-1 BIYOKIMYA I LAB." 4 (1.13 %) class "BIY353-1 GENETIK LAB." 3 (0.845 %) class "BIY368-1 BITKI EMB.MORF.LB.I" 7 (1.97 %)

PN-not

Significance index: 119
Standard error: 0.9747
R-squared: 0.04991
Standard deviation: 12.11
Points processed: 5653
Number of network layers: 1
Number of network nodes: 3

Result rule:
(62.4912 +if(DERS='DERS:"BIY151-1 GENEL BIYOLOJI I LB"',1,0)*(15.5255)
+if(DERS='DERS:"BIY352-1 BIYOKIMYA II LAB."',1,0)*(13.7676))

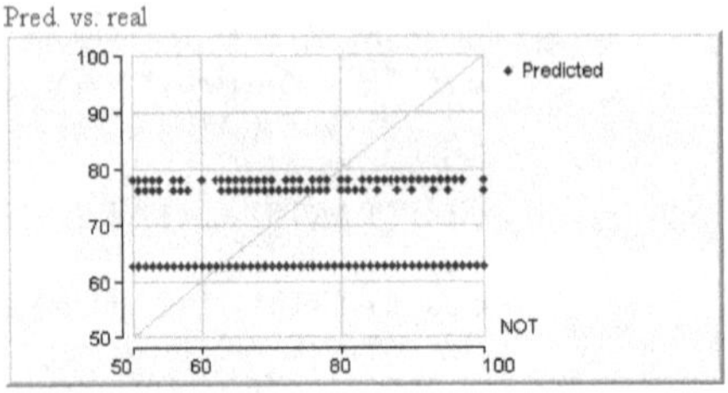

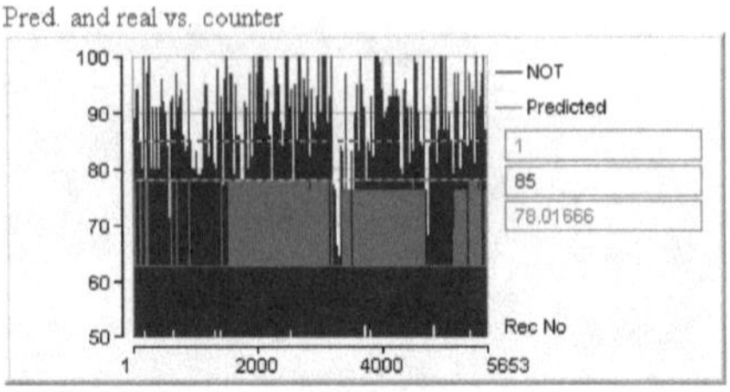

LR-NOT

Exploration parameters:

Argument	Value
Critical F-Ratio	1
Minimum part of predicted values, %	50
Randomized tests	Yes

Prediction rule found:
NOT = +60.0954 +2.55883*if(CINS='CINS:[2]',1,0) +17.1750*if(DERS='DERS:[BIY151-1 GENEL BIYOLOJI I LB]',1,0) -7.09868*if(DERS='DERS:[BIY201-1 SITOLOJI]',1,0) -3.56435*if(DERS='DERS:[BIY215-1 HAY.MOR.VE SIS.]',1,0) -4.64345*if(DERS='DERS:[BIY219-1 BITKI MORF.VE SIST.]',1,0) +9.26532*if(DERS='DERS:[BIY251-1 SITOLOJI LABORATUAR]',1,0) +6.92036*if(DERS='DERS:[BIY263-1 BITKI MORF.VE SIS.L]',1,0) +3.99343*if(DERS='DERS:[BIY265-1 HAY.MORF.VE SIS.LAB]',1,0) +2.59806*if(DERS='DERS:[BIY212-1 BITKI ANATOMISI]',1,0) +8.23409*if(DERS='DERS:[BIY262-1 BITKI ANATOMISI LAB]',1,0) +4.70970*if(DERS='DERS:[BIY264-1 HAYVAN ANATOMISILAB]',1,0) +2.47133*if(DERS='DERS:[TAR102-1 ATATURK ILK.VE IN.I]',1,0) -2.80768*if(DERS='DERS:[TAR101-1 ATATURK ILK.VE.INK.]',1,0) +4.50645*if(DERS='DERS:[TUR101-1 TURK DILI VE KOM.I]',1,0) +5.68144*if(DERS='DERS:[KIM206-1 ORGANIK KIMYA II]',1,0) -1.76204*if(DERS='DERS:[BIY101-1 GENEL BIYOLOJI I]',1,0) -5.03346*if(DERS='DERS:[BIY214-1 HAYVAN ANATOMISI]',1,0) -2.41112*if(DERS='DERS:[ING101-1 INGILIZCE I]',1,0) +4.22638*if(DERS='DERS:[BIY216-1 EKOLOJISI]',1,0) -3.60994*if(DERS='DERS:[ING102-1 INGILIZCE II.]',1,0) +4.64703*if(DERS='DERS:[BIY102-1 GENEL BIYOLOJI II]',1,0) +2.86232*if(DERS='DERS:[BIY114-1 BIYOMATEMATIK II.]',1,0) -4.49696*if(DERS='DERS:[KIM105-1 GENEL KIMYA I]',1,0) +11.2122*if(DERS='DERS:[BIY152-1 GENEL BIYOLOJI II L]',1,0) -2.09343*if(DERS='DERS:[FIZ122-1 TEMEL FIZIK II]',1,0)

+3.62595*if(DERS='DERS:[FIZ121-1 TEMEL FIZIK I]',1,0) -
1.41747*if(DERS='DERS:[KIM106-1 TEMEL KIMYA II]',1,0)
+4.21545*if(DERS='DERS:[BIY115-1 BIYOLOJI TARIHI]',1,0) -
2.81933*if(DERS='DERS:[BIY301-1 BIYOKIMYA I]',1,0)
+5.14269*if(DERS='DERS:[BIY351-1 BIYOKIMYA I LAB.]',1,0)
+10.2802*if(DERS='DERS:[BIY355-1 BITKI FIZYOLOJISI L]',1,0)
+8.99983*if(DERS='DERS:[BIY367-1 HAYVAN EMB.VE MORF.]',1,0)
+15.2302*if(DERS='DERS:[BIY352-1 BIYOKIMYA II LAB.]',1,0)
+2.95824*if(DERS='DERS:[BIY354-1 GENETIK II LAB.]',1,0)
+13.0453*if(DERS='DERS:[BIY356-1 HAYVAN FIZYOLOJI LB]',1,0)
+6.77443*if(DERS='DERS:[BIY318-1 BITKI EMB.MORF. II]',1,0)
+11.5714*if(DERS='DERS:[BIY368-1 BITKI EMB.MORF.LB.I]',1,0)

standard error	0.9059
R-squared	0.1794
standard deviation	11.26
points processed	5653
significance index	105
free term	60.1
free term std. dev.	0.269
free term F-Ratio	4.99e+004

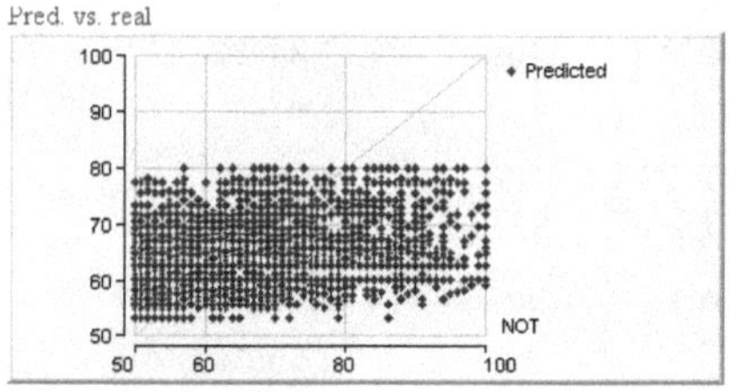

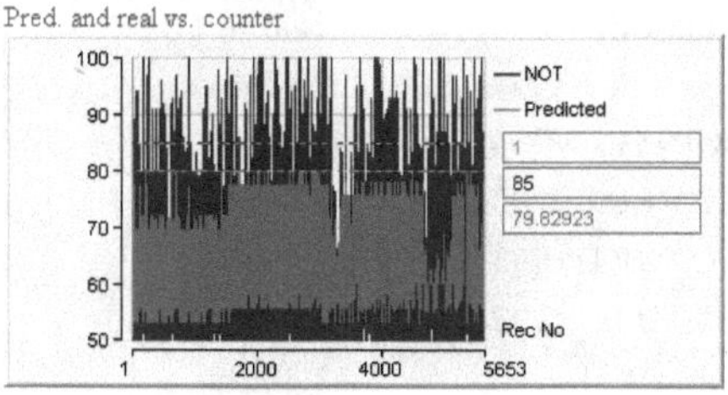

10.4. Kimya Bölümü

The dataset contains 3 attributes and 3831 records.

Numerical and integer attributes:	Values	Mean	Std.Dev	Min	Max	Range	Median	Mode	Diff.values
"NOT"	3831	60.44	11.11	50	100	50	57		

Categorical attributes:	Values	Mode	Diff.values,	%
CINS	3831		2	
		1	2431	63.46%
		2	1400	36.54%
DERS	3831		67	
		KIM101-1 TEMEL KIMYA I	137	3.576%
		KIM215-1 AMETALLER KIMYASI I	134	3.498%
		MAT102-1 GENEL MATEMATIK II	120	3.132%
		ING101-1 INGILIZCE I	118	3.08%
		KIM216-1 METALLER KIMYASI	113	2.95%
		ING102-1 INGILIZCE II.	111	2.897%
		KIM151-1 TEMEL KIMYA LAB.I.	110	2.871%
		KIM102-1 TEMEL KIMYA II	110	2.871%
		TUR101-1 TURK DILI VE KOM.I	109	2.845%
		TAR102-1 ATATURK ILK.VE IN.I	108	2.819%
		TAR101-1 ATATURK ILK.VE.INK.	106	2.767%
		MAT101-1 GENEL MATEMATIK I	101	2.636%
		KIM207-1 ORGANIK KIMYA I	96	2.506%
		FIZ102-1 TEMEL FIZIK II	96	2.506%
		KIM252-1 ANALITIK KIMYA LB.I	95	2.48%
		FIZ101-1 TEMEL FIZIK I	94	2.454%
		KIM110-1 KIMYACILAR ICIN BI.	94	2.454%
		KIM251-1 ANALITIK KIMYA LB.I	93	2.428%
		TUR102-1 TURK DILI VE KOMP.I	93	2.428%
		KIM152-1 TEMEL KIMYA LAB.I.	92	2.401%
		KIM214-1 ANORGANIK KIMYA II	90	2.349%
		KIM111-1 KIMYA TARIHI	89	2.323%
		KIM213-1 ANORGANIK KIMYA I	82	2.14%
		KIM356-1 ANORGANIK LAB.	80	2.088%
		KIM208-1 ORGANIK KIMYA II	79	2.062%
		KIM307-1 KIMYASAL KINETIK	77	2.01%
		KIM352-1 ORGANIK KIMYA LB.II	77	2.01%

Categorical attributes:	Values	Mode	Diff.values,	%
		KIM351-1 ORGANIK KIMYA LAB.I	73	1.906%
		KIM301-1 ORGANIK YAPISAL ANL	69	1.801%
		KIM202-1 ANALITIK KIMYA II	62	1.618%
		KIM304-1 FIZIKOKIMYA II	55	1.436%
		KIM302-1 ORGANIK KIMYA REAK.	54	1.41%
		KIM201-1 ANALITIK KIMYA I	54	1.41%
		KIM308-1 ELEKTRO KIMYA	53	1.383%

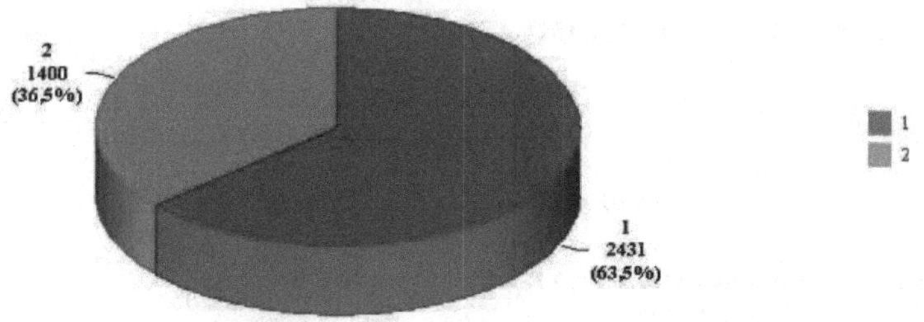

Most influencing parameters: CINS DERS
P-value: 6.338e-074
N of points obeying the dependence: 1102
std.deviation (total): 10.888992 (98.00%)
std.deviation (for FD-subpopulation): 4.836339 (38.56%)

70% of data points lay inside +-9.044121 interval of errors

90% of data points lay inside +-17.599998 interval of errors

97% of data points lay inside +-28.551022 interval of errors

DERS\CINS	2	1
KIM207-1 ORGANIK KIMYA I		
pred.value	51.15	55.6
points(cell)	38	58
std.err(cell)	61.72	68.52
points(subpop)	27	0
std.err(subpop)	14.84	--
KIM213-1 ANORGANIK KIMYA I		
pred.value	50.4	52.58
points(cell)	34	48
std.err(cell)	81.59	43.59
points(subpop)	20	45
std.err(subpop)	8.248	33.54
KIM215-1 AMETALLER KIMYASI I		
pred.value	62.45	58.92
points(cell)	49	85
std.err(cell)	103.7	74.94
points(subpop)	0	0
std.err(subpop)	--	--
KIM251-1 ANALITIK KIMYA LB.I		
pred.value	56.44	53.48
points(cell)	43	50
std.err(cell)	56.16	28.98
points(subpop)	0	50
std.err(subpop)	--	28.98
MAT101-1 GENEL MATEMATIK I		
pred.value	58	57.49
points(cell)	34	67
std.err(cell)	83.66	82.09
points(subpop)	0	0
std.err(subpop)	--	--
KIM214-1 ANORGANIK KIMYA II		
pred.value	57	53.81
points(cell)	35	55
std.err(cell)	76.45	57.52
points(subpop)	0	52
std.err(subpop)	--	41.24

KIM216-1 METALLER KIMYASI		
pred.value	**61.95**	**60.44**
points(cell)	**41**	**72**
std.err(cell)	**119.2**	**87.82**
points(subpop)	**0**	**0**
std.err(subpop)	**--**	**--**
KIM252-1 ANALITIK KIMYA LB.I		
pred.value	**57.93**	**54.27**
points(cell)	**43**	**52**
std.err(cell)	**65.89**	**35.22**
points(subpop)	**0**	**52**
std.err(subpop)	**--**	**35.22**
KIM202-1 ANALITIK KIMYA II		
pred.value	**50.41**	**50.85**
points(cell)	**28**	**34**
std.err(cell)	**49.29**	**22.18**
points(subpop)	**22**	**33**
std.err(subpop)	**7.51**	**14.21**
KIM208-1 ORGANIK KIMYA II		
pred.value	**64**	**62.79**
points(cell)	**31**	**48**
std.err(cell)	**116.3**	**111.5**
points(subpop)	**0**	**0**
std.err(subpop)	**--**	**--**
MAT102-1 GENEL MATEMATIK II		
pred.value	**57.87**	**51.1**
points(cell)	**46**	**74**
std.err(cell)	**94.42**	**115.3**
points(subpop)	**0**	**39**
std.err(subpop)	**--**	**8.597**
TAR101-1 ATATURK ILK.VE.INK.		
pred.value	**59.88**	**57.66**
points(cell)	**33**	**73**
std.err(cell)	**99.89**	**82.26**
points(subpop)	**0**	**0**
std.err(subpop)	**--**	**--**

KIM152-1 TEMEL KIMYA LAB.I.		
pred.value	**59.27**	**56.47**
points(cell)	**30**	**62**
std.err(cell)	**70.4**	**61.03**
points(subpop)	**0**	**0**
std.err(subpop)	**--**	**--**
KIM352-1 ORGANIK KIMYA LB.II		
pred.value	**85.82**	**61.73**
points(cell)	**33**	**44**
std.err(cell)	**201.6**	**95.56**
points(subpop)	**11**	**0**
std.err(subpop)	**43.04**	**--**
KIM308-1 ELEKTRO KIMYA		
pred.value	**76.67**	**58.27**
points(cell)	**27**	**26**
std.err(cell)	**122.9**	**91.15**
points(subpop)	**12**	**0**
std.err(subpop)	**34.33**	**--**
KIM310-1 ENST.ANALIZ II		
pred.value	**56.86**	**51.92**
points(cell)	**21**	**12**
std.err(cell)	**79.06**	**38.44**
points(subpop)	**0**	**0**
std.err(subpop)	**--**	**--**
KIM402-1 BIYOKIMYA II		
pred.value	**60.91**	**57.33**
points(cell)	**11**	**24**
std.err(cell)	**90.2**	**57.61**
points(subpop)	**0**	**0**
std.err(subpop)	**--**	**--**
KIM424-1 ADSORPSIYUN		
pred.value	**55.33**	**53.96**
points(cell)	**9**	**26**
std.err(cell)	**50.02**	**41.05**
points(subpop)	**0**	**0**
std.err(subpop)	**--**	**--**

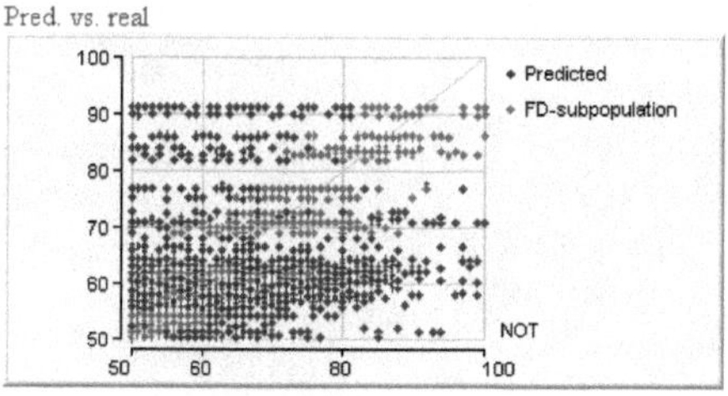

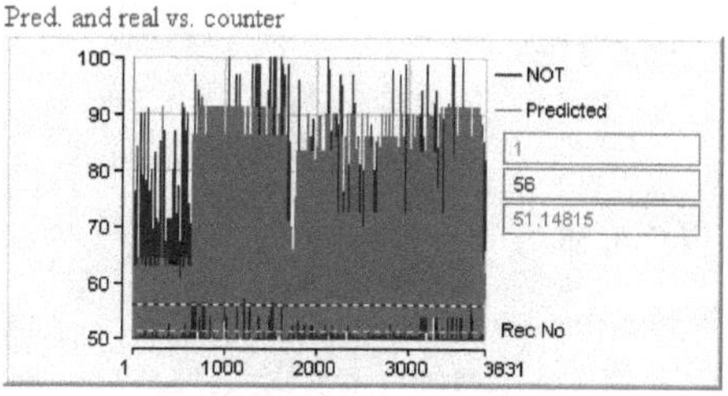

Set of parameters which give the best clustering: "NOT" CINS
P-value: 5.179e-007
Total N of points in all clusters: 245
Number of clusters found: 3

NOT\CINS	**2**	**1**
[47.7128, 50.5) *points* *cluster*	**256** --	**524** --
[50.5, 51.5) *points* *cluster*	**75** --	**176** --
[51.5, 52.5) *points* *cluster*	**67** --	**152** --
[52.5, 53.5) *points* *cluster*	**48** --	**107** --
[53.5, 54.5) *points* *cluster*	**44** --	**111** --
[54.5, 55.5) *points* *cluster*	**61** --	**87** --
[55.5, 56.5) *points* *cluster*	**45** --	**93** --

[56.5, 57.5) *points* *cluster*	**55** **--**	**93** **--**
[57.5, 58.5) *points* *cluster*	**52** **--**	**86** **--**
[58.5, 59.5) *points* *cluster*	**40** **--**	**86** **--**
[59.5, 60.5) *points* *cluster*	**44** **--**	**69** **--**
[60.5, 61.5) *points* *cluster*	**32** **--**	**67** **--**
[61.5, 62.5) *points* *cluster*	**42** **--**	**64** **--**
[62.5, 63.5) *points* *cluster*	**40** **3**	**46** **--**
[63.5, 64.5) *points* *cluster*	**27** **--**	**58** **--**
[64.5, 65.5) *points* *cluster*	**23** **--**	**55** **--**
[65.5, 67.5) *points* *cluster*	**61** **--**	**83** **--**
[67.5, 68.5) *points* *cluster*	**24** **--**	**29** **--**

[68.5, 70.5) *points* *cluster*	**43** **--**	**87** **--**
[70.5, 71.5) *points* *cluster*	**30** **1**	**18** **--**
[71.5, 73.5) *points* *cluster*	**42** **--**	**52** **--**
[73.5, 75.5) *points* *cluster*	**29** **--**	**46** **--**
[75.5, 79.5) *points* *cluster*	**45** **--**	**65** **--**
[79.5, 80.5) *points* *cluster*	**36** **2**	**38** **--**
[80.5, 84.5) *points* *cluster*	**50** **2**	**55** **--**
[84.5, 88.5) *points* *cluster*	**42** **2**	**46** **--**
[88.5, +) *points* *cluster*	**47** **2**	**38** **--**

Number of non-terminal nodes: 1
Number of leaves: 2
Depth of constructed tree: 1

Total classification error: 36.54%

%% of undefined prediction cases: 0.00%
Classification probability: 63.46%

Classification efficiency: 0.00%
Classification error for class "2": 100.00%
Classification error for class "1": 0.00%

real/pred	"2"	"1"	Undefined
"2"	0	1400	0
"1"	0	2431	0

Node Level	Node	Decision	Classification errors	p-value	Number of records	Classes count
1	Root	1	36.5	1	3831 (100 %)	class "2" 1400 (36.5 %) class "1" 2431 (63.5 %)
2	NOT < 70.5	1	34.2	2.72	3152 (82.3 %)	class "2" 1079 (34.2 %) class "1" 2073 (65.8 %)
2	NOT >=70.5	1	47.3	1	679 (17.7 %)	class "2" 321 (47.3 %) class "1" 358 (52.7 %)

Node Level	Node	Decision	Classification errors	p-value	Number of records	Classes count
1	Root	KIM101-1 TEMEL KIMYA I	96.4	1	3831 (100 %)	class "KIM207-1 ORGANIK KIMYA I" 96 (2.51 %) class "KIM213-1 ANORGANIK KIMYA I" 82 (2.14 %) class "KIM215-1 AMETALLER KIMYASI I" 134 (3.5 %) class "KIM251-1 ANALITIK KIMYA LB.I" 93 (2.43 %) class "MAT101-1 GENEL MATEMATIK I" 101 (2.64 %) class "KIM214-1 ANORGANIK

						KIMYA II" 90 (2.35 %) class "KIM216-1 METALLER KIMYASI" 113 (2.95 %) class "EB 404-1 REHBERLIK" 1 (0.0261 %)
2	NOT < 63.5	KIM101-1 TEMEL KIMYA I	95.4	2.72	2662 (69.5 %)	class "KIM207-1 ORGANIK KIMYA I" 83 (3.12 %) class "KIM213-1 ANORGANIK KIMYA I" 74 (2.78 %) class "KIM215-1 AMETALLER KIMYASI I" 95 (3.57 %) class "KIM251-1 ANALITIK KIMYA LB.I" 87 (3.27 %) class "MAT101-1 GENEL MATEMATIK I" 80 (3.01 %) class "KIM214-1 ANORGANIK KIMYA II" 78 (2.93 %) class "KIM216-1 METALLER KIMYASI" 81 (3.04 %) class "KIM252-1 ANALITIK KIMYA LB.I" 87 (3.27 %) class "EB 404-1 REHBERLIK" 1 (0.0376 %)
3	NOT < 50.5	FIZ102-1 TEMEL FIZIK II	94.1	2.72	780 (20.4 %)	class "KIM207-1 ORGANIK KIMYA I" 34 (4.36 %) class "KIM213-1 ANORGANIK KIMYA I" 42 (5.38 %) class "KIM215-1

						AMETALLER KIMYASI I" 18 (2.31 %) class "KIM208-1 ORGANIK KIMYA II" 20 (2.56 %) class "MAT102-1 GENEL MATEMATIK II" 19 (2.44 %) class "KIM403-1 KIMYASAL TERMODNMK" 1 (0.128 %)
3	NOT >=50.5	KIM101-1 TEMEL KIMYA I	95.3	2.72	1882 (49.1 %)	class "KIM207-1 ORGANIK KIMYA I" 49 (2.6 %) class "KIM213-1 ANORGANIK KIMYA I" 32 (1.7 %) class "KIM215-1 AMETALLER KIMYASI I" 77 (4.09 %) class "KIM109-1 KIMYACILAR ICIN MAT" 15 (0.797 %) class "KIM101-1 TEMEL KIMYA I" 89 (4.73 %) class "EB 404-1 REHBERLIK" 1 (0.0531 %)
4	NOT < 54.5	MAT102-1 GENEL MATEMATIK II	93.7	2.72	780 (20.4 %)	class "KIM207-1 ORGANIK KIMYA I" 27 (3.46 %) class "KIM213-1 ANORGANIK KIMYA I" 12 (1.54 %) class "KIM215-1 AMETALLER KIMYASI I" 33 (4.23 %) class "EB 402-1 EĞTIM TEKNOLOJISI" 1 (0.128 %)

4	NOT >=54.5	KIM151-1 TEMEL KIMYA LAB.I.	94.8	2.72	1102 (28.8 %)	class "KIM207-1 ORGANIK KIMYA I" 22 (2 %) class "KIM213-1 ANORGANIK KIMYA I" 20 (1.81 %) class "KIM215-1 AMETALLER KIMYASI I" 44 (3.99 %) class "KIM251-1 ANALITIK KIMYA LB.I" 31 (2.81 %) class "MAT101-1 GENEL MATEMATIK I" 23 (2.09 %) class "KIM454-1 FIZIKOKIMYA II LAB" 7 (0.635 %) class "EB 404-1 REHBERLIK" 1 (0.0907 %)
3	NOT < 79.5	ING101-1 INGILIZCE I	94.6	2.72	817 (21.3 %)	class "KIM207-1 ORGANIK KIMYA I" 11 (1.35 %) class "KIM213-1 ANORGANIK KIMYA I" 8 (0.979 %) class "KIM202-1 ANALITIK KIMYA II" 2 (0.245 %) class "KIM208-1 ORGANIK KIMYA II" 24 (2.94 %) class "MAT102-1 GENEL MATEMATIK II" 23 (2.82 %) class "KIM452-1 BIYOKIMYA II LAB." 12 (1.47 %) class "KIM404-1 TERMODINAMIK" 8 (0.979 %) class "KIM304-1 FIZIKOKIMYA II"

						17 (2.08 %) class "KIM403-1 KIMYASAL TERMODNMK" 2 (0.245 %)
3	NOT >=79.5	ING101-1 INGILIZCE I	89.2	2.72	352 (9.19 %)	class "KIM207-1 ORGANIK KIMYA I" 2 (0.568 %) class "KIM215-1 AMETALLER KIMYASI I" 7 (1.99 %) class "MAT101-1 GENEL MATEMATIK I" 4 (1.14 %) LAB." 1 (0.284 %)

Prediction rule found:
NOT = +60.4120 +2.76781*if(CINS='CINS:[2]',1,0) -6.33054*if(DERS='DERS:[KIM207-1 ORGANIK KIMYA I]',1,0) -7.20600*if(DERS='DERS:[KIM213-1 ANORGANIK KIMYA I]',1,0) -1.21518*if(DERS='DERS:[KIM215-1 AMETALLER KIMYASI I]',1,0) - 6.84231*if(DERS='DERS:[KIM251-1 ANALITIK KIMYA LB.I]',1,0) - 3.68040*if(DERS='DERS:[MAT101-1 GENEL MATEMATIK I]',1,0) - 5.78840*if(DERS='DERS:[KIM214-1 ANORGANIK KIMYA II]',1,0) - 5.73851*if(DERS='DERS:[KIM252-1 ANALITIK KIMYA LB.I]',1,0) - 9.83943*if(DERS='DERS:[KIM202-1 ANALITIK KIMYA II]',1,0) +1.76769*if(DERS='DERS:[KIM208-1 ORGANIK KIMYA II]',1,0) - 3.27302*if(DERS='DERS:[MAT102-1 GENEL MATEMATIK II]',1,0) - 2.92465*if(DERS='DERS:[TAR101-1 ATATURK ILK.VE.INK.]',1,0) - 5.39755*if(DERS='DERS:[KIM101-1 TEMEL KIMYA I]',1,0) - 2.12581*if(DERS='DERS:[TUR101-1 TURK DILI VE KOM.I]',1,0) - 4.97172*if(DERS='DERS:[FIZ102-1 TEMEL FIZIK II]',1,0) - 3.28572*if(DERS='DERS:[KIM102-1 TEMEL KIMYA II]',1,0) - 3.93414*if(DERS='DERS:[KIM152-1 TEMEL KIMYA LAB.I.]',1,0) - 1.15590*if(DERS='DERS:[TAR102-1 ATATURK ILK.VE IN.I]',1,0) +5.77537*if(DERS='DERS:[KIM307-1 KIMYASAL KINETIK]',1,0) +2.92125*if(DERS='DERS:[KIM352-1 ORGANIK KIMYA LB.II]',1,0) +5.09045*if(DERS='DERS:[KIM356-1 ANORGANIK LAB.]',1,0) +10.4939*if(DERS='DERS:[ING101-1 INGILIZCE I]',1,0) +6.33268*if(DERS='DERS:[ING102-1 INGILIZCE II.]',1,0) - 1.64896*if(DERS='DERS:[TUR102-1 TURK DILI VE KOMP.I]',1,0) - 1.84801*if(DERS='DERS:[KIM111-1 KIMYA TARIHI]',1,0) +3.47134*if(DERS='DERS:[KIM110-1 KIMYACILAR ICIN BI.]',1,0) +6.04451*if(DERS='DERS:[KIM301-1 ORGANIK YAPISAL ANL]',1,0) - 4.02160*if(DERS='DERS:[KIM351-1 ORGANIK KIMYA LAB.I]',1,0)

standard error 0.9247

R-squared	0.145
standard deviation	10.28
points processed	3831
significance index	82.1
free term	60.41
free term std. dev.	0.3226
free term F-Ratio	3.507e+004

Result rule:
(1027.78 +(61.7948 +if(CINS='CINS:"1"',1,0)*(-2.70427) +if(DERS='DERS:"ING101-1 INGILIZCE I"',1,0)*(11.8337))*(-18.8818+(61.7948 +if(CINS='CINS:"1"',1,0)*(-2.70427) +if(DERS='DERS:"ING101-1 INGILIZCE I"',1,0)*(11.8337))*(0.0292517)) +(60.1655 +if(DERS='DERS:"KIM307-1 KIMYASAL KINETIK"',1,0)*(7.17213) +if(DERS='DERS:"KIM301-1 ORGANIK YAPISAL ANL"',1,0)*(7.41417))*(-15.0723+(61.7948 +if(CINS='CINS:"1"',1,0)*(-2.70427) +if(DERS='DERS:"ING101-1 INGILIZCE I"',1,0)*(11.8337))*(0.26768)))

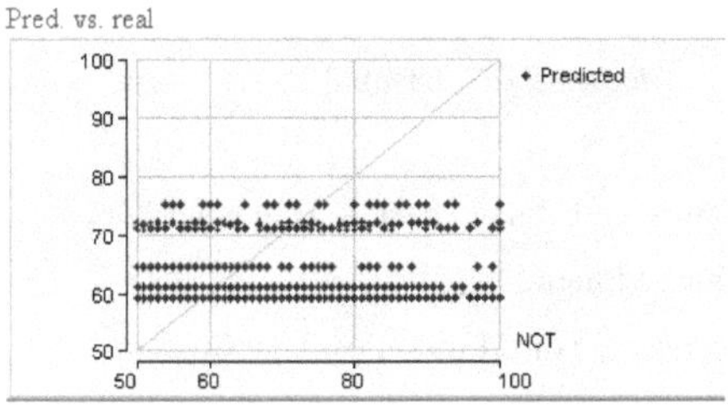

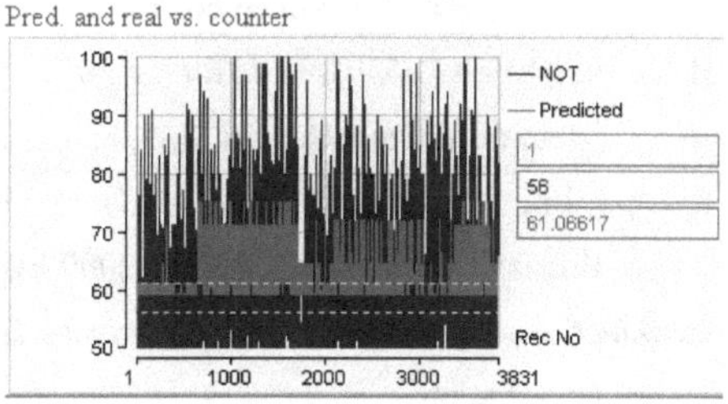

11. KAYNAKLAR

M.J. Berry and G.Linoff, *Data Mining Technique*, Wiley and Song, Inc, New York, NY, 1997.

U.M. Fayyad, G. Piatetsky-Shapiro, P.Smyth and R. Uthurusamy (Eds), *Advances in Knowledge Discovery and Data Mining*, AAAI Press/MIT Pres, Cambridge, MA, 1996.

W.Inmon, *Building the Data Warehouse*, John Wiley & Sons, New York, NY, 1996.

R. Mattison, Data Warehousing, McGraw-Hill, New York, NY, 1996.

K. Parsaye and M.Chignell, *Intelligent Database Tools and Applications*, John Wiley, New York , NY, 1993.

J.M. Zurda, Artificial Neural Systems, West Publishing, St. Paul, MN, 1992.

W.H. Inmon, "The Data Warehouse and Data Mining", Communications of the ACM, Vol.39,pp.49-50, November 1996.

H.Akpinar, "*Veri Tabanlarında Bilgi Keşfi ve Veri Madenciliği*", İstanbul Üniversitesi, İşletme Fakültesi Dergisi, C29, S:1/Nisan 2000, S:1-22

E. Alpaydın, "Zeki Veri Madenciliği-Ham veriden Altın Bilgiye Ulaşma Yöntemleri", Bogaziçi Üniversitesi, Bilişim 2000 Eğitim Semineri.

Introduction to Data Mining and Knowledge Discovery, Third Edition by Two Crows Corporation

R.A. Jacobs, M.I. Jordan, S.J.Nowlan, and G.E. Hinton, "Adaptive Mixture of Local Experts", Neural Computation, Vol.3,pp.79-87,1991.

J.R. Quinlan,"Inductons of Decision Trees", Machine Learning, Vol.1,pp.81-106, 1986.

Megaputer Intelligence Inc, PolyAnalyst 4 User Manual.

FSC
www.fsc.org
MIX
Papier | Fördert gute Waldnutzung
FSC® C083411

Kolibri 360 GmbH
Ferdinand-Jühlke-Straße 7
99095 Erfurt, Deutschland
produktsicherheit@kolibri360.de

Druck:
CPI Druckdienstleistungen GmbH
im Auftrag der
Kolibri 360 GmbH
Ferdinand-Jühlke-Str. 7
99095 Erfurt